萤火成炬 中国现代数学开拓者苏步青

科学家家国情怀丛书

萤火成炬

马千午 著

中国现代数学开拓者苏步青

浙江科学技术出版社

版权所有　侵权必究

图书在版编目(CIP)数据

萤火成炬：中国现代数学开拓者苏步青 / 马千午著.
—杭州：浙江科学技术出版社，2022.10
（科学家家国情怀丛书）
ISBN 978-7-5341-7952-5

Ⅰ.①萤… Ⅱ.①马… Ⅲ.①苏步青（1902-2003）
—生平事迹 Ⅳ.①K826.11

中国版本图书馆CIP数据核字（2022）第074425号

丛 书 名	科学家家国情怀丛书
书　　名	萤火成炬：中国现代数学开拓者苏步青
著　　者	马千午

出版发行	浙江科学技术出版社
	杭州市体育场路347号　邮政编码：310006
	办公室电话：0571-85176593
	销售部电话：0571-85062597
	网　　址：www.zkpress.com
	E-mail：zkpress@zkpress.com

排　版	杭州兴邦电子印务有限公司
印　刷	浙江海虹彩色印务有限公司

开　本	787×1092　1/16	印　张	14.25
字　数	21 800		
版　次	2022年10月第1版	印　次	2022年10月第1次印刷
书　号	ISBN 978-7-5341-7952-5	定　价	78.00元

责任编辑　刘　燕	责任校对　张　宁
责任美编　金　晖	责任印务　叶文炀

科学家家国情怀丛书

杭州电子科技大学融媒体与主题出版研究院　组编

编辑委员会

主　编： 韩建民

副主编： 汤弘亮　吴明华　黄劲草

编　委：（按姓氏笔画排序）

汤弘亮　李　婷　肖　真

吴明华　莫沈茗　黄劲草

蒋琤琤　韩　龙　韩建民

褚天福

序

摆在我们面前的这一本书，是由浙江科学技术出版社组织撰写，为已故的苏步青院士出版的一部传记。

苏步青院士，早年留学日本，是中国学者开始学习现代数学并取得突出成就的卓越代表，是中国现代数学的主要奠基人。他将一生献给了数学，做出了杰出的贡献。他在中国数学发展历史中的地位是难以替代的。苏步青院士是数坛的一代宗师，他以教书育人为自己毕生的事业，培养了一大批数学英才，形成了世人赞誉的"苏步青效应"。苏步青院士具有深厚的家国情怀，长期立足国内不懈奋斗，是一位对党、对国家、对人民充满挚爱的革命知识分子和忠诚的爱国主义者，晚年更作为一位忧国忧民的社会活动家，发挥了独特的作用。

苏步青院士丰富多彩的人生历程、一以贯之的爱国热忱、高潮迭起的学术成就、感人肺腑的人格魅力以及数诗交融的精神境界，为我们树立了一个红与专相结合、教学与科研相结合、理论与实践相结合、文与理相结合、言与行相结合的光辉典范。他是我们国家与民族的骄傲，是他长期工作过的浙江大学与复旦大学的骄傲，也是我们这些后辈学人和学生的自豪与骄傲。

苏步青院士的传记已有好几个版本面世。作为苏步青院士的学生，看到有新的从不同角度、以不同风格写成的苏步青传记出版，无疑十分高兴，也迫不及待地一睹为快。在这个时候，我总会不由自主地想：我们的这位老师自然是很了不起的，但究竟有多了不起，究竟了不起在什么地方，我们究竟要向他学习什么呢？

由于科学技术的迅猛发展，时代变迁，日新月异，前人攀越攻克过的巍巍山峰，在后人眼中可能已成为过眼的烟云，甚至很难进入某些人的法眼，但在特定的时代背景下，它无疑是一座历史的丰碑。人类社会，包括数学科学在内，正是这样发展过来的。从历史唯物主义的观点评价一个人的成就，应该把他的所作所为放在当时的时代背景中去考察，只有这样，才能得到恰如其分的认识和结论。对我们的老师苏步青院士，我愈想愈觉得他确有很多过人之处，别人难以望其项背，是特别值得佩服和崇敬的。例如说——

在日本攻读博士学位期间，在不少人发表论文"寥若晨星"之时，他竟发表了数十篇文章。他一口气在《日本数学辑报》上发表了12篇有关仿射曲面论的论文，其中引入的一个曲面很快被人称为"苏锥面"，国际上微分几何方面的权威学者不久就称其为"东方第一几何学家"。

在他声名鹊起之时，他婉拒日方所提供的优越科研条件，毅然回到灾难深重的祖国，与陈建功先生一起立志在廿年内振兴浙江大学的数学学科。

做了教授，成了专家，他不躺在以往的功劳簿上吃老本，即使是在抗日战争烽火中颠沛流离的日子里，仍继续深入开展研究工作，不断扩大自己的研究领域，创建了世人公认的中国微分几何学派。

他一辈子献身数学，从不动摇，从不懈怠。即使在"文化大革命"期间，身处逆境，70多岁高龄，仍深入工厂实际，实现了由纯粹数学家到应用数学家在理念及实践两方面的华丽转身。他在国内开创了"计算几何"这一新的学科方向，使其学术生涯达到了一个新的高峰，为他的科研工作画上了一个完满的句号。

他不仅是一位杰出的数学家，更是数学教育战线上的一代宗师。他培育了一批数学英才，其弟子遍布域中，影响深远，但他从不自夸当年之勇，从不自夸宝刀未老，相反，在他的晚年，多次在公共场合坦言"自己人老了，学问也老了"，鼓励年轻学子传承接力，一代超过一代。

他对学生爱护有加，并抱有殷切期望，但更盼望学生在学有所成后，能努力为提升国家的数学水平而奋斗。"文化大革命"结束后，我首次跨出国门、赴巴黎进修，他在为我送行的一首七律中写道"今日登临嗟我老，他年驰骋待君还。银机顷刻飞千里，咫尺天涯意未阑。"饱含的深情和殷切的期望，给了我终生难忘的记忆和鞭策。

更可贵的是，他并不满足于自己桃李遍天下，也不认可"名师出高徒"的提法，"更盼光风润大千"，着重强调培育英才的环境和氛围，真正显示了一代宗师的高尚风范。

作为一个知名的社会活动家，他在担任复旦大学校长及全国政协副主席期间做了众多颇有成效的工作。让我印象深刻的是：在粉碎"四人帮"后不久，"左"的思潮仍然猖獗，他还没有被彻底平反，很多人包括我们自己都心有余悸的时候，他能在邓小平同志召开的座谈会上，义无反顾地对教育界的拨乱反正畅谈自己的看法，推动了教育战线揭批"四人帮"的斗争，在历史的关键时刻表现了他的铮铮铁骨和赤胆忠心，实在令人肃然起敬。

凡此种种，扪心自问，我们自己，包括其他很多人，当时能够做到吗？！苏步青院士做到了这一切，本质上植根于他的爱国热忱，归结于他的家国情怀，也造就了他在数学科学领域高深的造诣和卓越的贡献。国际数学界第一个以中国数学家命名的数学大奖，冠上的是苏步青的大名，绝不是偶然的。

也许有人会说，苏步青院士当时如果不返回国内，而是留在国外舒适安定且科研条件优越的环境中专心做学问，数学上不是会取得更大的成就吗？从个人的学术成就上讲，或许这是可能的。但苏步青那样一个有着深厚家国情怀的科学家会心安理得地无视自己的故土、只顾自己个人的考虑吗？他如果不回到国内，能够为自己的国家呕心沥血地培养出一批又一批的优秀弟子、创立起中国的微分几何学派吗？！能够为今天的中国成为一个数学大国奠定坚实的基础吗？！留在国外难道能有国内如此广阔的舞台、能为国家做出卓越的贡献并因而达到举世瞩目的成就吗？！苏步青院士的整个生平与历史，已经对此做出了正确的解答。

现在的这本传记，从列举的具体事实来看，和已有的一些传记自然不免大同小异。但作者从历史的长河中，着重结合当时的时代背景，讲述苏步青院士其人其事，其对数学科学及数学教育的贡献，其超凡脱俗的家国情怀及卓越成就，特别激动人心，催人奋进。为了做到这一点，作者很认真地做了扎实深入的调查研究工作，查阅并采集了多方面的材料，旁征博引，以优美而清新的文笔，使苏步青院士的形象更加生动具体、也更加立体化了。特别难能可贵的是，对苏步青院士毕生奉献且成就卓著的微分几何与计算几何等学术领域，作者同样注意从数学发展的历史长河中，深入浅出地介绍其历史背景及苏步青院士本人的特有贡献，使读者能身临其境并有所感悟及领会，实在是很不容易的。这些都将成为这本传记的显著特色。正因为这样，我衷心感谢作者做了一件很有意义的工作，并特为之序。

李大潜

于复旦大学

2021 年 7 月 28 日

序　章　"曼思故国，来日方长" / 001

一　**好学的"背榜生"** 005
　　迢迢上学路 / 007
　　从"背榜生"到全县第一 / 012

二　**温州与东京** 017
　　科学救国的种子 / 019
　　处处争先的留学生 / 027

三　**转折点：仙台** 031
　　叩开数学之门 / 033
　　第一篇数学论文 / 038

四　**第二位理学博士** 043
　　攻读博士学位 / 045
　　钻石微分几何 / 050
　　"苏步青锥面" / 054

五　**二十年的君子之约** 059
　　开启中国数学的浙大篇章 / 061

　　　　战火中的数学课　／ 068
　　　　追踪数学的前沿　／ 073
　　　　一个学派的诞生　／ 076

六　　**从教授到教务长**　081
　　　　奔赴台湾大学　／ 083
　　　　保护进步学生　／ 087
　　　　保障学校运转　／ 090
　　　　筹建数学所　／ 094

七　　**移师复旦大学**　097
　　　　中国微分几何生机蓬勃　／ 099
　　　　"为党贡献自己一切"　／ 103
　　　　"一曲寒潮明月夜"　／ 107

八　　**成为"应用数学家"**　111
　　　　来自工厂的几何题　／ 113
　　　　奠基计算几何学科　／ 119

九　　**传薪的火炬**　123
　　　　成为复旦校长　／ 125
　　　　推动学位制度　／ 130
　　　　推动基础科学研究步入正轨　／ 134
　　　　关心中小学教育　／ 137
　　　　落日余晖洒温情　／ 141

　　　　星星之火，燎原之势　／ 144
　　　　世界数学，中国情缘　／ 147

十　　　　家山旧梦长　149

终　章　"有一分热，发一分光"　／ 175

附　录　／ 177
　　　　苏步青诗词选注　／ 177
　　　　苏步青大事年表　／ 192
　　　　苏步青著述目录　／ 196

序 章
"曼思故国，来日方长"

清光绪二十八年（1902），上海。3月24日，来自江南水师学堂的青年周树人，凭着"南京矿路学堂毕业奏奖五品顶戴"的官费留学资格，登上一艘去往日本的航船。是年末，上海南洋公学发生"墨水瓶事件"，62岁的马相伯先生受蔡元培之托，为退学的部分学生上课。这促使他决意自己创办一所学校，"广延通儒，培成译才"[1]。一切都仿佛早已开始，一切也都还未到来。历史仍然在等待。

这一年初秋，也就是1902年的9月23日，在上海南偏西方向400多千米之外的雁荡山区，一户寻常的苏姓农家迎来了他们的第13个孩子。他们为这个孩子取名尚龙，后来取字步青，寓意"平步青云"。在这户农家所在的浙江省平阳县带溪乡，有一座历史悠久的苏氏宗祠。百年间，此地苏氏科举誉称者众，苏氏遂为望门。祠内的族谱上，记载了平阳苏氏始祖怀泉公于明万历年间，偕堂兄弟13人自福建同安原籍离闽徙浙的经历。故而虽地处温州，苏家讲的却是闽南话。然而怀泉公第十代孙苏宗善似乎并没有沾到多少祖荫。这一支世代务农，田舍寒薄。苏宗善10岁起就下地干活，成家后只分得三分

---

[1] 马相伯：《震旦学院章程》，载《翻译世界》，1902（2）。

田地；省吃俭用十余年，才置田12亩，勉强自足。所育13个子女中，有9个相继夭折，只留下2女2子。

可以让这户农家得到宽慰的，莫过于那幸存的两个儿子。长子苏步皋（1896—1990），以第一名的成绩毕业于平阳县立第一高等小学（现平阳县中心小学）和浙江省立第十中学（现浙江省温州中学），而后于1917年受当时省十中校长洪岷初资助东渡日本。次子苏步青，自幼在兄长的光环下成长，其童年和少年成长经历也宛如其兄的复刻。当时乡里同人，对昆仲二人遂有"联璧"之称。1928年，时任省立十中校长的刘绍宽在给苏宗善七十大寿的贺词中如此写道：

> 君有均爱子女之仁，遗安子孙之智，已足以风世而励俗，其他行事之善，可不待言而具见矣。……步皋兄弟将出所学以有为于世，君殖与松本米子得以暇日优游于其所历之境，诚可以乐而弥永其年矣。余谨书之以为君夫妇寿，即以为他日征验之券。[1]

至于苏宗善夫妇有否游历金陵之胜，甚而至于东京、大阪，或许并不重要。重要的是这句"步皋兄弟将出所学以有为于世"，如刘绍宽所愿，毫无疑问地应验了。

1902年的周树人到了东京，看"东京也无非是这样"。[2]两年之后，这位想着"到别的地方去看看"的青年人，从时任大清驻日公使杨枢那里得到了许可，只身来到日本东北部的仙台。然而在仙台等待他的却是"形不吊影，弥觉无聊"的日子，整日死记硬背，自觉思维停滞，让他在给友人的信中写下"曼思故国，来日方长"这样的话语。[3]当时的他所不知道的是，这样浑浑噩噩、只有时事和小说才能令他振奋的日子，其实很快就到头了。

1902年的马相伯早已做好了"毁家办学"的准备，但这距离他建立第一

---

[1] 刘绍宽：《苏心田夫妇七旬寿序》，载《苍南文史资料》，第16辑，苍南县政协文史资料委员会编印，2001，第78—80页。
[2] 鲁迅：《藤野先生》，载《鲁迅全集》，人民文学出版社，1981，第2卷，第302页。
[3] 鲁迅：《致蒋抑卮的信》，1904年10月8日，载《鲁迅全集》，人民文学出版社，1981，第11卷，第321页。

所真正属于中国人自己的高等院校，还要再等上3年的时间。彼时，这位天主教的信徒还将目光停留在徐家汇，向教会寻觅着未来的"房宇敞爽，大适宜于卫生，花园、操场、演说厅均极宽豁"。[1]而此后历经挫折的他将重起炉灶，辗转吴淞、无锡、江湾多地，直到复旦公学从无到有，并成长为复旦大学。

对于苏步青的幼年故事，我们所知甚少。因而也就无从知道，当医学生周树人决意拿自己的笔作刀枪，直直冲向那"无物之阵"的时候；当马相伯为学生大义所动，公告开办复旦公学的时候，那相隔重山的村居之中，有否感受到一点震动。但是——要读书，"吾宁竭力作苦，勿使儿辈辍学，负吾初志也"，[2]农人朴素的观念推动着苏宗善和无数像他一样的普通人，他们苦筑阶梯，使苏步青终于一步步遂成青云之志；而苏步青自己，也将成为这蜿蜒阶梯中的一个举足轻重的环节。

现在我们可以知道的是，鲁迅抵达仙台之后20多年，苏步青也来到这个让鲁迅"弃医从文"的转折之地，开始他自己涅槃般的旅程；马相伯建校之后半个世纪，苏步青来到上海、来到复旦，在此度过他的后半生。

滚滚"浙江潮"向东涌动，聚集成气量非凡的千万骇涛。苏步青不一定是这其中最有力的滔天巨浪，但历史已经不能再等待了："来日方长"的混沌转而为"岁不我与"的急迫，裹挟着他，也裹挟着这个时代里的每一个人。向远方奔散的势能终究转化为归来时回头浪的轰鸣，直到今日也还能够听得见那一句不容辩驳的：

"不必等候炬火！"——[3]

---

[1] 马相伯：《震旦学院章程》，载《翻译世界》，1902（2）。
[2] 刘绍宽：《苏心田夫妇七旬寿序》，载《苍南文史资料》，第16辑，苍南县政协文史资料委员会编印，2001，第78—80页。
[3] 鲁迅：《随感录·四十一》，载《鲁迅全集》，人民文学出版社，1981，第1卷，第325页。

一

好学的"背榜生"

苏步青曲折的求学经历,是中国教育走向现代的序曲中的一个片段:废除了尊孔读经,取消了进士出身奖励,民族、国家奋力求取生存的诉求与他幼小的心灵的渴望无形中产生了共振。

迢迢上学路

苏步青尚处幼年时，清王朝正处于风雨飘摇之中。而他那位于浙南山区中的家庭，也正处在最为艰难的时期：父亲患上了关节炎，下地干活常常疼痛难耐，不得不考虑改行算命，家中收成自然不多；他再如何善于精打细算，苏家的家境也还是常常以番薯饭果腹。幸运的是，此时长子苏步皋成绩优秀，已显示出读书的才能。父母将希望寄托在这个大儿子身上，而对于小儿子苏步青，就希望他能帮家里种地、放牛，供哥哥读书，仅此而已。然而，自从在父亲的算命书上认识了几个字后，苏步青对知识的渴求就一发而不可收。为满足他的求知欲，父亲一方面与办私塾的族人商量说情，让他半工半读；另一方面则教育苏步青，"若不好好读书，即拿锄头种田"，"不劳动不得食"。靠着给教书先生家帮忙做饭充当学费，苏步青终于得以和许多同龄的孩子一样读起了《三字经》《百家姓》之类的启蒙书。每天清晨，他都会早早地出现在私塾里，烧柴、做饭，然后才和别人家的子弟一起上课。

不料，仅仅过了两年，这位族人另谋高就，私塾就关了张。为了能够继续读书，苏步青甚至徘徊在别家的私塾门口"偷师"，模仿那些先生们的语调，记诵四书五经。这其中有一位名为白祉臣的老先生，他注意到了这位

图1　苏步青的父亲苏宗善

"不速之客"。他很快意识到，这是个好学的孩子；出于好心，就收留了这位不付学费的学生，让他和其他孩子一起读书，前后时间长达一年之久。[1] 可惜不遂人愿，这一段求学经历也未能持续下去。因为还要供苏步青的哥哥苏步皋上学，家里劳力不够，苏步青不得不离开学堂，成了放牛娃。

放牛的生活给了苏步青大把的闲暇时间。但他并不像别的放牛娃那样，只顾嬉戏打闹，而是将乡里能找到的书都一一想办法借来，平常就骑在牛背

---

[1] 白祉臣（1874—1949），字锡祥，号福庚。白祉臣的后人称，白祉臣应苏氏族长之邀到苏氏宗祠设馆授课，学生十几人，其中就有苏步青。"1991年冬天，我听完父亲又一次跟我说起苏步青小时候的故事后，出于强烈的好奇心，就给苏老写了一封信。不过，信寄出后，我很快就忘记了这件事情——我压根儿就没指望当代的数学泰斗、时任全国政协副主席、已届耄耋之年的苏步青会把我的去函当回事。然而不到半月，我便收到了苏老的亲笔回信，这使我激动的心情久久难以平静。"苏步青的复函如下：

白福金同志：

二月三日惠函业已奉悉。从中得知您是我恩师白祉臣先生的令孙，心里十分激动。时间不饶恕人，从一九一二年跟白老受业之日算起，今天将是首尾八十个年头了，他老人家辛苦了一生，现在虽然离开人世四十多年，但恩泽永远留在人间。

从来函中，也看得出您在教育少年一代的工作中非常辛苦，目前条件还不是很好。希望您能够向前看，继续辛勤培育祖国的花朵，人民一辈子会牢记这份功劳的。

匆匆作复，未尽欲言。先业奉复，顺祝：

新春阖府快乐

苏步青
1991年2月16日

见白福金：《祖父白祉臣与苏步青的师生情》，载《温州日报》，2012年6月21日。

按，苏步青受教于白祉臣的年份，若以上引复信中所说的"一九一二年"起算，则此时苏步皋应已从高等小学堂毕业，进入温州城里的中学；苏步青自己也应当至迟在1912年入县城的高等小学，受业期间无法长达足足一年。比较有可能的情况是，苏步青在大约1911年受教于白祉臣门下。

上看。《唐诗三百首》《史记》《东周列国志》《西游记》，起初还要连蒙带猜，后来就能一字一句读下来了。至于《千家诗》，他更是一首首都熟记于心。而在所有这些读物之中，苏步青尤其喜爱的是伯父留下的一本残缺的《三国演义》，打开它，就觉得自己驰骋在万里疆场上，里面的故事简直比小时候听父母邻人讲的太平天国起义精彩百倍。在牛背上读书，就成了他最为忘情的事；不仅如此，没有了塾师的严厉管教，他还可以边读边手舞足蹈，尽情投入到精彩的情节中。直到有一天，他失足跌下了牛背，险些被乱竹扎伤。这次的意外给苏步青留下了不小的心理阴影，而母亲林氏得知后，更是心疼不已，萌生了让他好好读书的想法。父母俩一合计，东借西凑了几块钱，把苏步青送到县城去上小学。[1]

在1911年的平阳县城里，已经有了一所小学可以招收时年9岁的苏步青，它就是平阳县立第一高等小学堂（今属平阳县中心小学，以下简称"第一高小"）。这所小学和苏步青同龄，它始创于清光绪二十八年（1902）农历五月，初名平阳县学堂，首任校长是当地名绅陈锡琛。[2]光绪二十九年（1903）改名为平阳县中学堂，三十四年（1908）又改称"高等小学堂"。到民国元年（1912），这所高等小学堂再度更名为"平阳县立第一高等小学"。[3]第一高小坐落在县城九凰山麓设南街汇头角，由一座育婴院、一座宗祠和几间改建后的民房组成，与苏家所在的带溪乡直线距离有24千米。

盘桓于浙南的南雁荡山，如今已是国家风景名胜区，以"集衡山之秀、泰山之雄、兔耳岭之势"而闻名。在远古时代，这里曾是火山喷发区，因而山体多由流纹岩和凝灰岩构成，长期受流水侵蚀；又间有地震影响，山石崩塌。在这样的地质条件下，无数奇峰、险峰宛若天工之作令人叹为观止。东面的平阳县城，常可见山岚霭霭，这些都形成了游人眼中的一幅幅美景。所有这些，对一个世纪前的山民来说，却是一道道的天堑。24千米的直线距离，年少的苏步青需要走百里山路才能抵达。对于第一次去上学，苏步青印象深刻：

---

[1] 苏步青：《怀念我的老师》，载《数与诗的交融》，百花文艺出版社，2000，第48页。
[2] 陈锡琛（1861—1938），号筱坨，平阳江南（现苍南县宜山镇）人。宣统三年（1911）当选清咨文局议员，民国时为浙江省参议会议员。
[3] 《平阳县教育志》编辑组：《平阳县教育志》，上海社会科学院出版社，1997，第68页。

第二天鸡叫三遍的时候我就被叫醒，说要进城去。我怎么也没想到说走就走。父亲早准备好一担米，这是作为学费用的，还带了一些衣服、日用品。我们村到县城要走100里山路，只能早早赶路。父亲挑着米，我拎着一个小包，爬上一条长岭时，我已是满头大汗。毕竟是第一次长途跋涉，我体会到从未感受过的艰苦。父亲叫我停下，找到两块石头坐下来休息。妈妈为我准备了几个鸡蛋。我接过父亲递过来的鸡蛋，大口地吃起来，回头一看父亲，他正吃着野菜圆子，我心里好像明白了许多事。[1]

这一边，是苏步青的父母吃番薯饭，好让他能够上学；另一边，漫漫山路只是摆在苏步青面前的第一道关卡。学校里老师讲的是温州话，言语不通，听课也就不知所云；因为他矮小瘦弱，家境也不富裕，和同学中那些纨绔子弟就有点格格不入。第一高小时期的苏步青无疑是孤独的，同学们串通看管宿舍的先生，将苏步青从寝室赶了出去，诸如此类的欺负，屡见不鲜。

得不到父母的温暖，又没有可以结为伙伴的小朋友，平阳县城里热闹的市集就成了这时的苏步青唯一的慰藉。赶集的日子（闽南话称"赶圩"），市场上人声鼎沸，这让苏步青流连忘返，看不厌的热闹景象：

平阳县城在浙东南可算得上繁华地方了。……五里街坊，摆满了各式各样的东西，拥挤着形形色色的人群。叫卖声、吆喝声、吵架声响成一片，耍猴子的，卖纸扎玩具的，卖狗皮膏药的，围成一圈一圈的。记得七八岁时，父亲带我赶过一次庙会，而平阳县赶墟（圩）的热闹情景比庙会更胜几倍。[2]

集市就像一块巨大的磁石，吸引着苏步青，满足他无法在学校中得到满足的好奇心。每一次溜上街去，他都产生新的疑惑："猴子怎么能连续翻这么多跟头？狗皮膏药怎么能治病？一根面条放进油锅里，怎么变得那么大？大

---

[1] 苏步青：《神奇的符号》，江苏人民出版社，2008，第6页。
[2] 苏步青：《神奇的符号》，江苏人民出版社，2008，第9页。

力士的肚皮放上大面板任人敲打，为什么五脏六腑还能安然无恙？"也是在集市上，年少的苏步青第一次见到了名为"包子"的东西，热气腾腾、圆圆鼓鼓，他盘算着下次再逃学出来，得想办法换点钱，尝尝包子的味道。……大街成为苏步青的"课堂"，让他流连忘返，常常一看就是大半天。

"课堂"既然不在学校，学校里真正的课堂就只能是苏步青的噩梦。这位原本好学聪敏的学生，从来完成不了老师布置的作业，还经常旷课、迟到。老师们的处罚也很明确：完成不了作业，遵守不了纪律，就要被罚站墙角；其他同学都坐着，而被罚的只能站着，动也不许动。久而久之，屡遭惩罚的苏步青练就了一副"立壁角"的本领，居然可以做到"脸不红、心不慌，泰然而立，悠闲自在，有时还趁老师不注意，擅自走动走动"。直到老师忍无可忍，当众下了一条禁令："不许苏步青出校门！"

尽管失去了上街看热闹这一慰藉，顽童的他还是可以在校园中找到好玩的东西。不久，他又对烧水的老虎灶产生了兴趣。把一只鸡蛋凿个洞，丢进大锅里，看着蛋清、蛋黄流出来，在气泡翻滚的开水中凝成蛋花，也成为他的一大乐事。直到被烧水师傅捉了现行，按在地上狠狠教训了一顿，他才善罢甘休。连续两个学期，因为经常逃课，苏步青牢牢占据了班级最后一名的位置，人称"背榜"。

苏步青成绩竟如此糟糕，好不容易才能勉强供他上学的父母不免焦急万分。而恰在此时，离苏家不远处的平阳县水头镇三桥村，新设立了一所高等小学。在这所平阳县立第三高等小学（下文简称"第三高小"）担任校长的黄华三先生是凤卧湾人，说的也是闽南话。[1] 苏步青的父母毫不犹豫地就将孩子转学到了这里。不过虽说学校离家近了不少，但一路上城内山、九两山、凤山三座山峰，即便不高，也足以阻碍行路。一趟行程，固然不再像100里那样夸张，但毕竟也有15里（7.5千米）之远。这对1913年只有11岁的苏步青来说仍然是路途迢迢。

虽然语言不通的困难少了一些，但是进入第三高小之后的苏步青还是积习难改，爱好闲逛。更严重的是，因为遭到老师的误解，他的学习热情大受

---

[1] 第三高小今属水头镇第一小学，现址位于平阳县第二中学。参见：《平阳县教育志》，第11、76页。

打击：在一次国文课上，熟读史书的苏步青写了一篇颇有古人笔法的文章，而任教国文课的谢老师见他平素并不勤奋，认为"孺子不可教"，如此笔法老到的文章必定是抄来的。面对老师"这怎么是你写的？"的质问，苏步青并不解释，只是倔强地摆出写字的样子，说"就是这样写的"。这样一来，老师的斥骂就更严厉了，最后给了苏步青的文章一个"差"字。遭到如此不公的待遇，年纪还小的他，对上课更提不起什么兴趣了，逃国文课更是成了例行公事。第三个学期，苏步青还是得了"背榜"。

从"背榜生"到全县第一

从"背榜"到县城里第一名的转变，大约发生在临近高小毕业的那一年。[1] 它的起因，还要从一张世界地图说起。如果没有那张在小学课堂上出现的世界地图，也许苏步青就只能是一个逃课调皮的"差学生"，游荡在纵横阡陌之间。

在苏步青就读高小的第四个学期，一位其貌不扬的老师来到了第三高小，教地理课。当这位名叫陈玉峰的老师第一次把一张世界地图在小学生们面前展开时，孩子们的目光瞬时就被吸引住了。随着目光在地图上游走，他们知道了这个世界远比脚步所能遍及的地方要大；陈老师的每一堂地理课，都仿佛在周游世界一般让人流连忘返。这些孩子中当然也包括苏步青，陈老师的地理课甚至让他至老也不能忘怀："宇宙之神妙，世界之大观，远胜过小镇上的街景和老虎灶的鸡蛋花，我迷上了地理课，也特别喜欢陈玉峰老师。"[2]

陈玉峰一生从事教育工作，早年在温州府学堂（浙江省立第十中学，也即现温州中学的前身）任教，曾由当时担任学堂监督的刘绍宽举任斋长、学

---

[1] 苏步青：《神奇的符号》，江苏人民出版社，2008，第13页作"五年级下学期"，按当时学制，高等小学并无"五年级"。推算为高等小学的第三年，即毕业那一年。也参见苏步青《怀念我的老师》，载《数与诗的交融》。

[2] 苏步青：《神奇的符号》，江苏人民出版社，2008，第13页。

长。[1]旧学堂改制以后,他如何从旧的"教书先生"转而为任教世界地理的老师,其过程不为人所知。但可以知道的是,在少年苏步青为世界之大而惊奇的时候,陈玉峰也对包括苏步青在内的学生们有所关注。他发现,苏步青这名学生总是不声不响,也不和同学们一起玩闹,而是常常一个人逃课。于是他便主动来找苏步青搭话:

——"你的父母在家里吃番薯丝,省吃俭用,你父年已半百,每学期都挑着省下来的米,走15里路给你读书用,你倒是年年背榜,对得起你父母吗?不读书,以后目不识丁,怎能有出息呢?"[2]

这戳中了苏步青的痛处,不由得把先前的委屈都诉说出来:

——"读书,读书,有什么用?文章做得好,还说不是我做的。查清楚了,还给我批'差'字,这不是存心在刁难我吗?"
——"不!文章好坏,不是哪位老师可以决定的。个人的前途,要靠自己去争取。我看你的资质不差,只要好好努力,一定会成为有用之材……"[3]

陈玉峰还举牛顿的例子鼓励苏步青:牛顿小时候成绩也不好,又打不过同龄人,饱受同龄人欺侮。后来他发愤苦读,终于以优异的成绩让人不敢再犯。[4]无论陈老师所说的这个故事是真是假,他的一番话都的的确确打动了苏步青,也把一位外国科学家的名字烙印到苏步青的脑海之中。恍然间,苏步青感到自己仿佛和童年的牛顿站在了相似的处境中,从而获得了学习的榜样和动力。此后,苏步青作业本上的"优"越来越多,这才摆脱了"背

---

[1] 刘绍宽日记,清光绪二十九年十一月初二日、清光绪三十年正月二十七日,见《苍南文史资料》,第16辑,第200—201页。旧时学堂,按"斋"分班,斋长即斋舍中指导学生的教师,相当于现在的班主任。
[2] 苏尔馥、苏素丽:《父亲对我们的教诲》,载《道德文章仰高风》,复旦大学出版社,2001,第188页。
[3] 苏步青:《怀念我的老师》,载《数与诗的交融》,第49页。
[4] 苏步青:《神奇的符号》,江苏人民出版社,2008,第14页。

榜"的恶名,帮父亲算账,帮村里人看信、写信也成了习以为常的事情。等到苏步青日本学成归来时,他还特意为陈老师雇上轿子,自己穿着草鞋步行,请陈老师到家小住几日。"洋状元穿草鞋迎奉恩师",在家乡传为美谈。[1]

1915年春,苏步青从第三高小毕业,秋天又以第一名的优异成绩考取了浙江省立第十中学(以下简称省十中)。[2] 在小学毕业、中学还未开学的间隙,除了在家劳动,苏步青还借来《左传》从头到尾熟读,对历史的兴趣也愈发浓厚了。上中学之后,他的这些积累让历史老师青睐有加。老师看他熟谙中国古代的历史知识,便借给他一套《资治通鉴》,以期增进苏步青对历史的了解。史书也的确使苏步青着迷,甚而让他产生过成为历史学家的念头。

小学时陈玉峰老师所说的话真的应验了:第一名的光环给所有人留下了好印象,弥补了苏步青出身贫寒的不足,很快他成为老师们眼中的好学生。他的名字尽人皆知。在国文课上,任教的陈叔平老师第一个就点他的名。[3] 面对老师略带怀疑的询问"你就是苏步青?",他以谨慎的态度轻声答应。课上,老师以"读《曹刿论战》"为题,摸底学生的国文水平。苏步青写出的文章又一次让老师不敢相信这出于一位刚刚高小毕业的学生之手。这一回,他多少改掉了儿时的倔脾气,而是诚恳地向老师说明自己是模仿了《左传》中关于"赵氏孤儿"那段的笔法,并按陈老师的要求背诵了其中一个段落。苏步青的优秀表现得到了老师的勉励:"你好好用功,将来可当文学家。"从此,苏步青也开始学着写诗,这一写,就再也没中断过。

在外语课上,苏步青与教授英语课程的马公愚(1890—1969)也结下了深厚的师生友谊,两人的联系保持了几十年之久。马公愚先生其实是位书画家,他本名范,初字公驭,后改公禺、公愚,是浙江永嘉人。在到省十中任教之前,他就曾在上海启明女中教书,之后又在上海中学、复旦大学、上海

---

[1] 苏尔馥、苏素丽:《父亲对我们的教诲》,载《道德文章仰高风》,第188页。
[2] 《神奇的符号》一书中第15页作"1914年",疑是编印错误。根据《温中百年》记载,苏步青毕业于1919年,当时学制为4年。苏步青在其他文章中也说自己1915年进入中学。按,刘绍宽先生1918年初接任省十中校长,在前引《苏心田夫妇七旬寿序》文中又谓"翌年其弟步青复毕业中校",可佐证苏步青先生毕业于1919年。
[3] 陈叔平(1889—1943),名闳恕,以字行,永嘉人,一生献身教育事业。除苏步青外,李锐夫、方德植、徐桂芳、白正国、杨忠道、谷超豪都曾是其及门弟子。

美术专科学校、中国艺术专科学校等学校教授国文、书法等课程，是上海知名的墨客。其实，苏步青面对的那张课程表上的教师姓名，同时也可以看作他的"伯乐"清单：各门课的任教老师都对这位题名头榜的学生青睐有加，纷纷在自己的报告中以他为例，向校长汇报教育成果。

作为浙江省最为顶尖的中学之一，在省十中，像陈叔平、马公愚这样的大家名师还有不少，而且那里的科目也已十分丰富。能够遇到这样明星级的教师阵容和课程安排，无疑与苏步青自己的中小学生涯和中国现代基础教育学制之间的同步性有着莫大的关联。在1911年苏步青初入第一高小的时候，执行的还是光绪二十九年（1903）的"癸卯学制"，小学从儿童满6岁起至14岁为止，10岁以前上初等小学堂，10岁以后上高等小学堂，学制为四年。[1] 作为我国近代史上第一个正式实行的学制，"癸卯学制"规定了每学年分为两个学期，第一学期从正月二十日到小暑，第二学期从元秋后六日到十二月十五日。课程有修身、读经讲经、中国文字、算术、中国历史、地理、格致、图画、体操等，视地方情形可增设手工、农业、商业等科。

而到了苏步青将上中学的1914年，民国教育部开始推行更为现代化的"壬子癸丑学制"。它重新划分了学段，确定初等小学为4年制，高等小学为3年制。新的学制为高等小学制定了教育科目共十门：修身、国文、算术、本国历史、地理、理科、手工、图画、唱歌、体操。男子加设农业，女子加设缝纫。[2] 民国教育部的《中学校令施行规则》则规定了中学除国文外，还应开设修身、外语、历史、地理、数学、博物、物理化学、经济法制、图画、手工、乐歌、体操等课程。作为我国历史上第一套现代的学制，它废除了尊孔读经，取消了进士出身奖励，以传授"基本的生活技能"为宗旨，而省十中更是自1912年年末就开始执行新的学制，走在施行新学制的前列。

不夸张地说，在苏步青经历他人生中第一次大转折的同时，这个国家的所有中小学生，也都在一场变革中得到浸染与滋养；他少年时的这段经历，奏响了中国教育走向现代化奏响的序曲。

---

[1] 民国以前，癸卯学制先后经历过几次修改，但高等小学堂的修业年限都是四年，这一点没有变化。
[2] 民国临时政府教育部《小学校令》。

温州与东京

2000千米的路程阻隔不了温州的闻人贤达东渡的步伐,也削减不了他们带回科学知识和教育理念的坚定信念。凭借这奇异的"双城记",世界的模样得以在少年苏步青的眼前展开,邀请他加入那不息的时代浪潮。

科学救国的种子

世界在地图上向苏步青张开了怀抱,让他看到了未来无数种可能,而他也对敞开怀抱的世界报以热忱。如我们所见,初入中学时的苏步青明显对文学和历史抱有更大的兴趣。可以设想,如果不是在读中学的第二年,一位从东京留学归来的数学老师出现在苏步青和他的同学们面前,也许世间又将多一位文人骚客或是史学专家,而少一位科学的传薪者。这位老师就是杨霁朝。苏步青对他的第一印象无疑是深刻的:

> 他和大家一样,穿一身白竹布长衫,白皙的脸显得消瘦,但隐约透出一种和别人不同的气质。他满腔热血,一身热情。第一堂课,老师没有马上讲数学题。"当今世界,弱肉强食。列强依仗船坚炮利,对我豆剖瓜分,肆意凌辱。中华民族亡国灭种之危迫在眉睫!"……"要救国,就要振兴科学;发展实业,就要学好数学。"这堂课使我彻夜难眠,终生难忘。[1]

---

[1] 苏步青:《神奇的符号》,江苏人民出版社,2008,第18页。

杨霁朝老师的生平，我们了解得并不多。[1]但他早年留学日本，这也反映了当地杨氏宗族注重教育和思想开明的传统。早在清光绪三十一年（1905），身为江南自治会委员的族人杨慕份就参照日本的教育制度与方式，创办了私立关西学堂，免费招收乡里子弟入学。这是国人自己创办的最早的新式学堂之一。当时经常在此吟诗答对的地方文人，如担任过省十中校长的刘绍宽等，更是在苏步青的中学生涯中起到了直接的作用。[2]可以推断，杨霁朝去世时还很年轻，年长他将近30岁的刘绍宽还为他作了挽联痛悼："与君家三世交游，皋庑久相依，讵知一别江乡，忍使老怀哭少监；偕儿辈卅年契好，祖鞭万共勉，谁料甫膺教席，遽悲绝学矢畴人。"[3]

也是在杨霁朝的影响下，苏步青确立了将数学作为自己未来学习的主要学科的方向。这一方面是出于杨老师教学有方，"他讲数学课很有味道，那些枯燥乏味的数学公式、定理一经他讲解，就变活了"[4]。更深层的方面，则在于他所主张的救国之道对苏步青影响深远。听说这位成绩优秀的学生爱好文史，杨老师找到了苏步青，启发他说："我们的国家现正处在水深火热之中，读那些古老的历史、文学就能救国吗？"[5]而在公开课上，则以一件件事实让学生们了解到中国落后的状况，激发学生们的科学救国之志。随着苏步青的人生理想从文学家、历史学家向着技术专家的方向转变，杨霁朝也不计回报地向他教授数学知识。他还在自己从日本带来的教学参考资料中，整理出习

---

[1] 杨霁朝，名寿南，以字行。生于光绪十九年（1893），张家堡（今属苍南县）人，毕业于日本京都第三高等学校工科部。1921年杨霁朝与陈叔平合作发表了《极大极小之研究》《自然巧合之等式》《永嘉二十四节候画长时差表》等多篇文章，载《浙江十中期刊》，1921（1），第59—61页。《浙江十中期刊》由浙江省立十中学校校友会出版部编辑发行，浙江印刷公司印刷（叶建：《温州老期刊》，黄山书社，2013，第25页）。1922年温州士绅张棡在省十中工作，1923年朱自清到省十中任教，杨霁朝和他们均有所往来。（例如《张棡日记》，1922年2月9日；《朱自清日记》，1924年7月21日。）参见杨慕良：《苍南杨氏通志》，西泠印出版社，2008，第714页，原文作"东京第三高等学校工科"。按，第三高等学校工学部在京都，1894年7月停办，1901年在原址建立京都帝国大学。该高等学校工科部属于高等工业学校，和苏步青后来就读的东京高等工业学校一样，大致相当于大专，而不同于同一时期的"高等学校"（帝国大学的预科班）。张棡（1860—1942），瑞安汀田人。他是典型的"地方乡绅"。一生基本以教书为业，先为塾师，后为中学教员，是旧社会底层的读书人。参见冯筱才：《"中山虫"：国民党党治初期瑞安乡绅张棡的政治观感》，载《社会科学研究》，2015（4），第156—169页。
[2] 杨慕良：《苍南杨氏通志》，西泠印出版社，2008，第217页。
[3] 杨慕良：《苍南杨氏通志》，西泠印出版社，2008，第618页。
[4] 刘军：《苏步青教授呼吁：大学也要关心中小学教育》，载《人民日报》，1982年3月16日。
[5] 苏步青：《怀念我的老师》，载《数与诗的交融》，第50页。

题来给苏步青做。[1]

在杨霁朝老师调任物理课教师之后，身为校长的洪岷初[2]先生自编讲义，亲自接任几何课的授课教师，他对苏步青这位尖子生自然是关怀有加。在这些老师的教导下，苏步青开始逐渐展露出他在几何学方面的才能。在证明"三角形的一个外角等于不相邻的两内角之和"这条定理时，苏步青给出了24种解法，让洪校长欣喜不已。他将其作为突出的教育成果案例送到省教育展览会上展出。[3]当然，苏步青之所以选择钻研几何，不一定和当年洪校长的几何课有着直接的关联；但洪校长对苏步青的影响，的确是如何评价也不为过的。没有他的资助，苏步青和兄长苏步皋恐怕都难以走出温州、走出浙江，更难以有机会亲身看到世界之大。即便在他卸任省十中校长职务，调往北洋政府教育部时，还不忘对苏步青说："你毕业后可到日本学习，我一定帮助你。"[4]此后他说到做到，可谓一诺千金。

洪校长之所以能够如此坚定而明确地提出"到日本学习"，是因为他自己正有这样的留学经验。光绪三十年（1904），受维新变法运动的影响，他离开了妻儿，只身东渡日本留学。经过7年勤奋苦读，毕业于东京高等师范学校数理系。[5]宣统三年（1911），洪岷初回国并参加归国留学生"廷试"，获授师范科举人。[6]此后，洪校长先是在保定师范大学、浙江两级师范学校任教，民国成立后又调任浙江省教育厅秘书长，并于1915年出任浙江省立第十

---

[1] 苏尔馥、苏素丽：《父亲对我们的教诲》，载《道德文章仰高风》，第189页。
[2] 洪彦远（1879—1958），字岷初。清末时补县学廪生，1915—1917年任浙江省立第十中学校长。
[3] 苏步青：《神奇的符号》，江苏人民出版社，2008，第19页。
[4] 苏步青：《怀念我的老师》，载《数与诗的交融》，第50页。
[5] 洪瑞荣、洪瑞楷：《缅怀先父彦远洪岷初校长》，载《瑞安文史资料》，第11辑，政协瑞安市文史资料委员会编印，1994年。《张棡日记》载，光绪三十四年（1908）农历正月初七收到留学在外的洪岷初寄来的贺年片，张棡题诗曰："黯淡山河近夕阳，偏闻贺年到江乡。东瓯老羡东洋客，厚薄人情纸一张。"张棡：《张棡日记》，俞雄选编，上海社会科学院出版社，2003，第131页。
[6] 废除科举制后，清政府为吸引留学人才回国，开始逐步采取措施考验奖励游学毕业生。《清史稿》载：
　　至考验游学毕业生，光绪二十九年，鄂督张之洞奏准《鼓励游学章程》。三十一年（1905），学务大臣考验北洋学生金邦平等，援照乡、会试复试例，奏请在保和殿考试，给予出身，分别录用。迨三十二年，学部奏定，自本年始，每年八月举行一次，并为综核名实起见，妥议考验章程，将学成试验与入官试验分为两事，酌照分科大学及高等学毕业章程，会同钦派大臣，按所习学科分门考试。酌定等第，候钦定分别奖给进士、举人等出身，仍将某科字样加于进士等名目之上，以为表识……时游学日本欧美毕业回国者，络绎不绝，岁举行考验以为常，终清世不废。至1911年，通过学部考试而获得进士、举人身份的留学毕业生共有1369人。
　　参见唐斌：《清末留学进士、举人群体研究》，西南大学硕士学位论文，2013。

中学校长。[1] 离开省十中之后，洪岷初调任北京北洋政府教育部视学，赴南满考察教育品展览会，[2] 后又赴河南视察教育状况并考试德文学生，[3] 始终工作在教育、留学的前线。实际上，无论是洪校长一人，还是洪氏家族中相继东渡的父子、兄弟，都有不同程度的留学背景。[4]

在20世纪初中国浙江的一所中学里，就有两位老师乃至两个家族有着留学日本的背景，这或许已超出一些人的想象。而在更早的1904年，洪校长的前任，同时也是他的继任者刘绍宽，就已经与陈子蕃一同赴日本考察过教育。[5] 苏步青所亲历的发达的平阳教育事业，其中无疑也有二人这番考察的功劳。他们于是年中秋时节出发，到农历十月底返回，他们在记叙考察经过的《东瀛观学记》中写道：

> 计往来共七十日，足迹大半在东京……良由落拓书生，交游素鲜，无钱财以恣远游，无权贵以通声气。徒以热肠忧国，无事可为，自分于教育一途，稍竭智虑，庶于国民分子略有补救，飘然书剑，轻身一行。然而衣服殊制，语言不通，考察阻阂之处，实为非鲜。兼以国势衰弱，外侮迭乘，听睹所及，愤慨难已！[6]

考察回国以后，二人痛定思痛，把一行的经历广泛地传播给同乡人，并亲力亲为投入家乡的教育工作中。不过几个月的时间，他们就设法让乡里蒙学堂四处开花，学务大兴，广招贤士，广育良材，甚至超过了长久以来在教育方面一直负有盛名的邻县瑞安。[7] 在他们的影响带动下，不少青年人学成

---

[1] 咏梅、冯立昇：《清末民初留日物理学生及其科学贡献》，载《西北大学学报（自然科学版）》，2011（1），第181—188页。
[2] 彭世芳、洪彦远：《参观南满教育品展览会报告书（未完）》，载《教育实业合刊》，1919（2）期，第33—36页；彭世芳、洪彦远：《参观南满教育展览会报告书（二续）》，载《福建公报》，1919年总第629期，第5—13页。
[3] 教育部委任令第3号（民国八年2月10日）、第10号（民国八年4月19日）、电令（民国八年4月28日），分见《教育公报》，1919（4），第15—16页；1919（6），第18页；1919（6），第82页。
[4] 洪瑞荣、洪瑞榳：《缅怀先父彦远洪岷初校长》，见《温中百年》。
[5] 刘绍宽（1867—1942），字次饶，号厚庄，出生于平阳县江南乡白沙里（今属龙港市）。参见《苍南文史资料》，第16辑，第1页。
[6] ［清］黄庆澄等撰，陈庆念点校：《东游日记·湖上答问·东瀛观学记·方国珍寇温始末》，上海古籍出版社，2005，第120—121页。
[7] 《东游日记·湖上答问·东瀛观学记·方国珍寇温始末》，第70页。

图 2 刘绍宽《东瀛观学记》书影

之后受到派遣,出国学习,"学生频年联翩出洋共数十人"。[1]

不难看出,刘绍宽、洪岷初两任校长的"日本经验",对他们所怀揣的教育热忱起到了重要的推动作用,产生了某种模板效应。苏步青日后留学日本可谓是顺理成章。这些家族和士绅的留学、考察经历,已然用血缘和地缘关系,在平阳、在温州、在浙江,编织出一种新的传统;它的影响如滚雪球般层层扩大,从而带动和激励了更多家乡人提升教育、出国留学的志愿。也正是在浙江人的东渡潮中,培育出了走向科学、走向现代的一批先行者。在每年成千上万名赴日留学生中,浙江人的身影总是如此引人注目。

在他们往来日本时,上海又是重要的中转站。早在1875年,三菱商会就在上海设停靠港,开通了往返上海与日本横滨的航线。随着日商在上海航运业逐渐树立垄断地位,1909年又开设了往来上海与神户的航线。[2]航运网络的扩张使人员和经贸往来进一步频繁。日本人怀着不同的目的源源不断地来到了上海。统计数据显示,1899年在上海的日侨还不过千余人,到1915年,这一数字则飙升至11704人。[3]

---

[1] 陈镇波:《刘厚庄年谱》,载《苍南文史资料》,第16辑,第406页。
[2] 小风秀雅:「帝国主義形成期における日本海運業——日露戦後における東アジア交通網の成立——」,『史学雑誌』,1983,92(10):1567—1601,1711。
[3] [法]安克强:《上海的"小东京":一个对外隔绝的社会(1875—1945)》,陈绛译,载《上海研究论丛》第12辑,上海书店出版社,1999。

  飙升的日侨人数背后是日本逐渐增长的侵略野心。1919年5月，由于中国在巴黎和会上的外交失败，一场史无前例的政治和文化运动在中华大地上轰轰烈烈地展开了。五四运动的影响很快就从校园波及工商界，从北京散播到作为重要对外港口的上海。在拳拳爱国之心的翕动下，商人罢市、工人罢工，一时间，"抵制日货"成了市民的共识。到了这一年的七八月，日本商号不得不把此前囤积、意欲倾销的一些货物运回日本，这反而使往来上海与日本之间的轮船愈加忙碌了起来。[1] 在这运动的潮流之中，人群聚散离合，生发出一幕幕或壮烈，或缥缈的人间戏剧。这就是17岁的苏步青离开家乡之后在上海所见到的时局一隅。他马上也要从这里出发，开始自己的旅程。站在新旧文化的十字路口，身处东西文明的碰撞之地，时代已不由分说地将一幅错综复杂的世界图景展开在这位青年人面前。

  "渡头轻雨洒平沙，十里梧桐绿万家。犹记当时停泊处，少年负笈梦荣华。"（《外滩夜归》）这是苏步青在他年老之后，遥想启程之日写下的一首诗。今天的我们已无法考证，那张据传花了30个银元才买到的船票，[2] 上面写的究竟是哪一天启航，船只停靠的又是黄浦江畔的哪一个码头。我们知道的是，与当年的鲁迅一样，等候苏步青的，也正是一班开往日本的航船。但是与鲁迅不同，苏步青的口袋里没有官费资格，只有中学老校长洪岷初先生资助给他的200银元，以及一句沉重而严肃的"天下兴亡，匹夫有责，要为中华富强而奋发读书"。厚望殷殷，前路茫茫。面对着这样一个世界，苏步青也在思考：自己将何去何从？

  逆着日侨闯荡上海滩的浩荡声势，1919年9月，苏步青形单影只，抵达了日本东京，正式成为该年3455名中国赴日留学生中的一员。[3] 前面讲过，苏步青的家境清寒。东京的生活费每月需30—40银元，靠洪校长给他的200银元，他最多只够支撑到第二年的春天。他需要找到一所会尽早进行招生，而且花费又低的学校。这样，东京高等工业学校就成为他的不二之选。因

---

[1]《中日间货物来往近讯》，载《申报》，1919年7月5日。
[2] 贾树枚、王增藩：《数学大师苏步青》，载《道德文章仰高风》，原载《人物》，1983（2），第74页。
[3] 魏善玲：《民国前期出国留学生的结构分析（1912—1927）》，载《华南农业大学学报（社会科学版）》，2012（1），第141—150页。

为，作为一所招收公费留学生的学校，东京高等工业学校的中国留学生学费由中国政府承担。

按照这项被称为"五校特约"的制度规定，公费生名额有限，且须通过学校组织的招生考试。制定这项政策的起因可以追溯到清末。1904年清廷颁布《奖励游学毕业生章程》，规定只要在日本的学校获得学历证书就可获得举人、进士等头衔并授官职，这促使上万名水平参差不齐的留学生东渡日本留学。1905—1906年间，清朝留学日本的人数达到高峰，日本为争取中国学生带来的银元，加之中国学生对留洋背景的急切需求，许多"速成"性质的私立学校遍地开花、互相竞价，教育质量自然无从保证。据清政府的统计，官费生与自费生的比例约为3∶7，而在留学生总人数中，修读速成科的约占60%，普通科的约占30%，专门学校和高中的约占3%，大学的仅占1%，还有6%的留学生中途退学。这些速成科修业年限极短，其中长的不超过一年半，最快的只需3个月即可获得文凭。[1]速成留学学生人数激增降低了归国留学生的水准，投机取巧、沽名钓誉者众。为应对这一局面，清政府采取了一些手段，对速成留学加以遏制。清政府与日本政府于1907年达成协议，1908年起正式实施的"五校特约"即是遏制手段之一。

在"五校特约"中，清政府和日本政府对资助学校和名额作出了规定，确定了东京高等师范学校、第一高等学校、东京高等工业学校、山口高等商业学校和千叶医学专门学校这5所学校作为公费留学的接收学校。公费留学由清政府出资，对于入学者个人而言，只需支付极少学费，有的甚至不用缴学费。[2]制度要求对留学生有所遴选，要求学生具有相当学力以通过规定学校的入学考试，才能减免学费。协议期限为15年，因而在清亡后，这一制度仍保持了一段时间。在各省获得公费资助的留学生中，出现了大量的浙江

---

[1] 吕顺长：《清末留日学生从量到质的转变——关于清末"五校特约"留学的考察》，载《浙江大学学报（人文社会科学版）》，2001（1），第80—85页。

[2] 具体名额及费用为：东京高等师范学校25人，每年由中方向学校提供补助费1980日元，学生不另缴学费；第一高等学校50人，每年提供补助费8768日元，学生不另缴学费；东京高等工业学校40人，每年提供补助费8000日元，学生每人另缴学费50日元；山口高等商业学校25人，每年提供补助费7000日元，学生不另缴学费；千叶医学专门学校10人，不需提供补助费，只收学费。吕顺长：《清末留日学生从量到质的转变——关于清末"五校特约"留学的考察》，载《浙江大学学报（人文社会科学版）》，2001（1），第80—85页。

人，这和"五校特约"的经费来源有关：它主要依靠地方政府按类别上缴资金，再行分配。例如1907—1910年间，清廷作出规定，大省3年应缴35100日元，小省应缴23400日元。全国各省中仅有浙江省足额缴纳了留学经费，其余各省均欠缴，实缴经费总量仅为应缴额度的四成。浙江省在"五校特约"中出资最多，也成为浙江留日学生大多集中于这五所学校的原因之一。

然而即便有故乡浙江作靠山，苏步青要获得公费资助，仍非易事。1919年踏上日本的土地时，他不会说一句日语。选择东京高等工业学校，也就意味着苏步青要在短短五个月时间内，既要从头学起日语，又要保证各科分数可以达到高等学校的要求。虽然此前已在省十中打下了坚实的基础，对数理化和英语各科，他都胸有成竹；然而不会日语，就连题目也看不懂，考试又从何说起呢？而且，日本实业、工业学校的入学考试，不仅要考日语作文，还有面试环节。不学好日语，达不到听说读写样样熟练的程度，是不行的。对常人来说，五个月的时间就算全部用来学习日语，也几乎不可能达到足以应付高等学校的考试的水平。鲁迅在东京逗留了两年；一般零基础的留学生都需要像这样，读半年到两年不等的预备学校和补习班。苏步青手中并不多的盘缠，又使他的语言障碍变得更加突出。

通常来说，中国留学生都会参加各种语言培训班，以获得基本的日语能力。然而，培训班高昂的学费和缓慢的教学进度又常常让人望而却步。实际上，为节省花费、加快学习，胸怀理想的留学生各有妙招。例如赴日前已略有语言基础的丰子恺，便是通过参加英语初级班来学习日常会话的。[1]在东亚高等预备学校听了一段时间的日语课后，苏步青嫌其教法太慢，几个礼拜后就退学了。他并没有学过日语的基础，也没有余钱再上什么培训班了。相比丰子恺，他的速成法堪称"异想天开"：找日本房东大妈学。

原来，住不起宿舍的苏步青经同学介绍，在离学校不远的地方找到一处廉价的出租私房，房东是一位50多岁的日本大妈。晚上，苏步青就请房东大妈讲日语中的民间故事：贫苦的农夫，富士山的仙子……从中不仅能学到日

---

[1] 丰子恺：《丰子恺遗作》，华夏出版社，1988，第162页。

图3 东亚高等预备学校[1]

语知识,还能了解风俗人情和历史文化。但房东大妈的故事毕竟是有限的,也不能总缠着她。苏步青还需要从更多人那里学习,听不同人说话的方式。为此,他每天清晨和房东大妈一同到菜市场买菜。在集市上,他留心听周围人们的对话,轻微地动着嘴唇小声地重复。这样一来,苏步青的生活完全被日语包围了。在这样的氛围中,他只花了3个月的时间,就达到了能与人流利地用日语对话的水平。他给入学考试的考官留下了深刻印象:这位中国来的留学生,不仅日语讲得流利,还考取了总分第一。

处处争先的留学生

这个"第一"给了苏步青充足的信心,他进入高等工业学校就读之后,也处处争先,不甘人后。首先是在学业上。当时在东京高等工业学校任教英语课的佐伯好郎,也特别赏识这位中国来的年轻人。苏步青展露的才华,给这位被后人尊称为"景教博士"的宗教学研究者留下了不错的印象。[2] 在学校开设的"交流"课上,苏步青获得了学校颁发的奖励。而在课余时间,苏

---

[1] 旧址现竖有"周恩来曾在此学习"的石碑。就在苏步青来到日本的1919年,周恩来从东亚高等预备学校退学,回国进入天津南开大学学习,投身于五四运动之中。东亚高等预备学校的创办人松本龟次郎一生从事日语教育,被誉为"把一生献给中国留学生教育的人"。它同时也是鲁迅曾就读的学校。

[2] 刘延州:《异国兄弟情》,载《文汇报》,1984年1月10日。

步青也处处不甘人后。他积极参加各种活动，课余与同乡叙旧，与同学畅谈天下大事，足球、网球、登山乃至于越野自行车，这些体育活动也都逐一成为苏步青的兴趣爱好，处处都可见到他争强好胜的身影。他还组织过中日学生的划船友谊赛，地点就选在学校附近的隅田川上。鲁迅对"清国留学生"投以讽刺的目光，而苏步青一代的中国留学生们则大多怀揣着相似的梦想——科学救国、读书救国，他们之间的关系也就融洽得多。

苏步青就读的东京高等工业学校，始建于1881年，坐落在东京都藏前东片町的隅田川畔。1896年5月，该校被确立为高等教育机构，并于1901年5月改名为东京高等工业学校。作为一所专门的工业学校，它在国民教育系列中的位置大致相当于今天中国的大专。学校从创建伊始，就设有化学工艺和机械工艺两个专业，后来又分别改组为化学工艺系（分织染工艺、陶器玻璃工艺、应用化学三个专业）和机械工艺系（分机械、电气工业两个专业），还增设了一系列新的学科。这两个历史最为悠久的专业，也正是苏家兄弟二人分别选择的就读科目。

在这所学校中，苏步青在各个方面无疑都是活跃的。此时的他，更多的是追逐着哥哥的背影，并渴望能够像杨霁朝老师说的那样，掌握工程实业的知识，尽快报效祖国。另外，东京高等工业学校经过多年的积极经营，于1923年获得批准，筹划升格为大学。这对苏步青和他的同学们来说，也是一个好消息。因为这一年也正是大四的他们将前三年所学转化为在社会上立身之本的绝佳时机。许多学生开始找工作，决定自己的前途。苏步青盘算：是该找机会，在工学方面进一步深造，学更多有用的技术，还是早日回国，尽快把所学转为应用，实现杨霁朝老师"科学救国、实业救国"的理想呢？他本该有种种选择，也许比他在省十中的课堂上看到的要更多、更远、更具体。然而所有的"本该"，都被一场意外而来的灭顶之灾摧毁了。

那是1923年9月1日的中午。这一天，苏步青在宿舍里埋头钻研数学题，数学也是他所有功课中学得最得心应手、最有乐趣的一门。他的舍友和往常一样，早早地吃完了午饭，从食堂回来。看到苏步青还在做题，便催促他赶在食堂关门前去吃饭。苏步青这才匆匆拿起饭盒，走出了宿舍楼。然而就当他匆忙解决了午饭、走出了食堂,迫切地想回到书桌前继续钻研刚才那道题目的时候,忽然一股巨大的气浪猛地将他推倒在地。还没等他缓过神来,正午的天色却突然暗了下来。一道道红色的烟云直冲云霄,四处火苗升起、响声隆隆。几分钟前在宿舍里催促苏步青去吃饭的那位舍友,转眼间便连同几百名同学一起被掩埋在废墟瓦砾之中——地震了!

这就是历史上有名的关东大地震。大地的晃动仿佛要将整个东京高等工业学校乃至整个东京吞没,四处弥漫着刺鼻的气味。据测算,大地震持续了将近6昼夜,大小震动多达千余次;东起千叶县,经东京、横滨等地直至静冈,2万平方千米土地、340万人口遭灾,死伤人数达30余万;东京、横滨等地的大火甚至接连烧了3天。等到余震平息的时候,路边的建筑疮痍满目。曾经熙熙攘攘的集市和商业街,叮当作响的有轨电车,都看不到了。而比天灾更为残忍的,则是四处巡逻的日本警察和"自警团",他们将在日本的中国人、朝鲜人诬为趁乱打劫的不法分子,肆意抢劫乃至杀害,这其中就包括不少温州籍华工。[1]

图4 百代公司拍摄的关东大地震新闻片截图

这时,勉强还可通行的公路和少数几条铁路,就成了人们逃离焦土的路径。劫后余生的人们戴着草帽、斗笠,坐着马车、牛车,甚至是推着平板车,艰难地行进在公路上。在火车站,人群不仅挤满了车厢,有的甚至还爬到车厢顶上去;行李更是乱作一团。人们从未见识过,秋天的东京如此不堪入目。路上人们的汗水滴下一道道印迹——而他们已经是这场灾难里不幸中的万幸。

在赶路的人群中,苏步青的行李显得尤其

---

[1] 蒋萍、刘海波:《东瀛惨案:不能被遗忘的历史》,载《文汇报》,2016年5月16日。

单薄。大地震将他本就不多的行李化为灰烬,而这其中尤其令他心痛的是,课本、参考书、笔记本毁于一旦。校舍没有了,同伴没有了,就连原本常伴左右的书本也大多失去了——这对即将毕业的苏步青来说,无疑是特别沉重的打击。他只好从宿舍的残垣断壁之中,捡回一些勉强能用的东西,随着求生的人潮,走上了公路。

转折点：仙台

"关东大地震"打乱了苏步青既定的学业规划，这时数学领域的探索，异国师友的赏识，让苏步青终于能够向世界数学的前沿进发。

叩开数学之门

1924年初春的仙台，冬天的积雪还没有化尽，高高的白桦树，空荡荡的枝干笔直伸向无云的蓝天。路上空无一人，黑褐色的土地上，只有偶尔蹿过的一只狐狸留下了自己的爪印。低矮校门里的东北帝国大学，却是一番热火朝天的景象。是年3月，从十多个国家而来的90多名优秀学生云集于此，包括苏步青在内，他们的目标只有一个，就是进入这所全日本数学水平数一数二的大学就读，争夺它向外界开放的不到10个的名额。在这有些拥挤的阶梯教室中，考场的氛围也格外严肃紧张。

18年前，鲁迅从这里离开，从此"弃医从文"。18年后，同样是在这里——鲁迅当年就读的医学院于1915年并入东北帝国大学——苏步青迎来了自己走上数学道路的转折点。关东大地震后，东京工业高等学校决定临时迁往仙台，借用东北帝国大学的校址进行毕业考试。身心重创加上学业资料损失，让苏步青大病一场，最终在毕业考时发挥失常，只勉强得了一个"及格"。这就意味着苏步青不仅将失去深造的资格，就连找普通工作也会遭遇阻碍。好在苏步青平素优异的表现为他带来了转机，许多人愿意向他伸出援手。素闻苏步青大名的训导长亲自起草并向校务委员会提交了一份书面报告，介绍苏

图5　20世纪20年代的东北帝国大学

步青4年来的学业情况，建议破格授予苏步青优等成绩毕业证书。最终，这项请求得到了校务委员会的认可。

"苏步青，以优等成绩毕业。"[1] 这张好不容易得来的毕业证书上的寥寥数语给苏步青的工业高等学校生涯画上了一个并不算完美的句点。那百侣同游、意气风发的豪情消散之后，留给苏步青的是一片迷茫的前景。这时，东京高等工业学校的一位老师看到苏步青数学成绩极佳，就鼓励他在数学方面寻求进一步发展。数学毕竟同工科不同，无须复杂的实验设备，只要有参考书、纸笔便能琢磨学习，苏步青又对此有着浓厚的兴趣和扎实的学业功底。这位老师给相熟的林鹤一教授写了介绍信，信中描述了苏步青在校的学业成绩以及对数学课程的热情，希望作为东北帝国大学数学系主任的林鹤一能提供便利。[2] 承蒙这位老师的好意，苏步青决心正式走上数学的道路。但要强的他并没有把信交给林教授。他相信，凭自己的实力，可以光明正大地考入东北帝国大学。

考试分两场，第一场考解析几何，第二场考微积分。在考场中的苏步青，浑然忘却了天灾带来的痛苦，因为这两门科目恰好都是他的强项。对他来说，长达3小时的考试只需要60分钟就足够了。他提前交卷时那坚定沉稳

---

[1] 苏步青：《神奇的符号》，江苏人民出版社，2008，第26页。
[2] 林鹤一（1873—1935），日本数学家、数学史家。1897年毕业于东京帝国大学（今东京大学），1911年任职东北帝国大学理科学部，以对日本数学史（和算）的研究闻名。

的步伐和严肃的表情,宣示着他对考试结果有十足把握。仅仅是这份从容,就足以令考官惊诧。不久之后成绩公布,苏步青果然以200分的优异成绩在众多竞争者中一举夺魁,也让那些瞧不起中国人的日本教授们瞠目结舌。苏步青做到了:从寄舍于东北帝国大学的东京高等工业学校毕业,又如愿进入了东北帝国大学的数学系;大地震把他带到了仙台,而他也成功地留在了仙台。从东京的教室到仙台的考场,苏步青经历了常人难以想象的艰辛。克服地震后的心理创伤,重新积攒复习所需的材料,个中艰辛不为外人所知,而这一切在那一刻都化作了应有的奖赏。

在当时的日本,最高等级的学术研究机构是大学院,依托于帝国大学而存在。最早的大学院起源于东京帝国大学(即今天的东京大学)。当时,东京大学的法学、文学、理学三个学部都建立了"学士研究科"。1918年日本政府颁布的《大学令》虽然允许在帝国大学之外建立公立和私立大学,但同时也限制只有帝国大学才能设置"大学院",其他大学只被允许设立"研究科"。关于大学院的这项规定直到1946年的学制改革才得以改变。换句话说,在苏步青的时代,要进入日本数学研究的尖端,进入帝国大学并以优异成绩毕业,从而获许进入大学院,乃是必由之路。加上地理上的便利条件,东北帝国大学的数学系可以说是此时苏步青的必然之选。

顾名思义,帝国大学具有强烈军国主义和殖民主义色彩。在1886年明治

图6　东北帝国大学时代的苏步青(摄于1924年)

天皇颁布的《帝国大学令》中，就明文规定帝国大学是日本的最高学府，其目的是"进行与国家需要相匹配的学术、技术教育研究工作"。[1]最早的帝国大学只有东京一所，因而这一部《帝国大学令》也被视为东京帝国大学的立校之法。帝国大学由"分科大学"（本科生学部）和"大学院"（研究生院）组成，大学院是帝国大学必备且专属的教学部门。帝国大学学制3年（医学部4年），以5个学科大类分别建立5所大学院、5个分科大学，这5个学科大类分别是法学、医学、工程、文学和理学。在总长（即校长）的领导下，有分校长（即分科大学的校长，类似今天的学院院长）、教务长、教授、副教授四种教职。1889年又增加了农学这一学科大类。一般学生只能通过公立的九所预科学校（即当时的"高等学校"）和帝国大学附属的预科部升入。东京高等工业学校属实业专科学校，不在此列，也难怪乎苏步青面临的竞争如此激烈。

继东京帝国大学之后，京都帝国大学和位于仙台的东北帝国大学先后成立。在苏步青的时代，这3所大学无疑代表了日本最高的学术水平，而东北帝国大学的数学实力则最为强劲。这可以从一则统计资料中看出：仅在1920至1921年，东北帝国大学在代数方面发表的论文为6篇，几何学方面的论文为12篇，数学分析及其他论文则有14篇。这些数字都超过了京都帝国大学，在总数上也超过了老牌的东京帝国大学，特别是在几何学方面，东京帝国大学的论文数量为0，而东北帝国大学这12篇几何学论文则各有侧重。它们具体讨论的问题包括初等几何、射影几何和代数几何方面（2篇），曲线、曲面方面（5篇），微分几何学（5篇）。[2]这表明，当时的东北帝国大学数学系在相当程度上会集了日本顶尖的几何学者，尤其在曲面和微分几何学方面形成了学科特色，吸引了各地有志于学习数学的学生。

能够进入东北帝国大学，对于苏步青的数学之路而言也仅仅是一个开始。主持数学系的林鹤一绝非等闲之辈。开学第一周，他在任教的微积分课上，只出了四道题便转身离去。这四道题看似容易，做起来却是格外困难，

---

[1] 日本文部省《学制百年史　资料编》，帝国地方行政学会发行，1981年。
[2] 上述统计数据和日本近代数学教育的说明来自 Harald Kümmerle：「明治・大正時代の日本における高等数学の制度化」，2013。公田藏：「明治前期における『西洋高等数学』の教育（数学史の研究）」，『数理解析研究所講究録』，1546（2007）：230—246。

三 转折点：仙台

图7　林鹤一教授（左）、藤原松三郎教授（右）（日本东北大学史料馆供图）

对正处在高分考取的自得中的学生们来说，无疑给了一个下马威。两个小时后，林鹤一教授回到教室，看过每个人的答案后，颇为不满地说："你们啊，看起来都还没有接受过严格的数学训练，这事看来得我来教你们了。"[1]

的确，苏步青虽然在高等工业学校数学成绩突出，但东京工业高等学校教授的数学课的难度与东北帝国大学的数学专业相比不可同日而语。在工业高等学校中，高等数学课程主要使用的是 Benjamin Williamson 和 Joseph Edwards 编写的工科数学教材。因为其目的在于培养工程师，故相比于当时日本大学数学系广泛采用的《数学分析教程》（Cours d'Analyse Mathématique，Eduard Goursat 和 Jacques Hadamard 编，1910年，1917年），内容就浅易不少，也不注重数学的基本功训练，而主要强调现有结论的应用。基础上的差距让苏步青分外努力地学习，他在课上总是片刻不停，认真记笔记；每节课后，都一边翻阅参考书，一边再把笔记整理好。苏步青的这份勤奋刻苦，也让他遇到了自己的"藤野先生"，那就是教授一年级课程"解析几何学"的高须鹤三郎。[2] 高须鹤教授经常来到苏步青的座位旁，帮他改正笔记中的错误，给予苏步青手把手的指导。[3]

---

[1] 蘇步青：「仙台留学時代の思い出」，『数学セミナー』，1981（6）：34—36。
[2] 高须鹤三郎（1890—1972），毕业于京都大学，1916年获得理学博士学位，起先任教于第二高等学校，擅长几何学。
[3] 蘇步青：「仙台留学時代の思い出」，『数学セミナー』，1981（6）：34—36。

第一篇数学论文

经过几位教授的指导，苏步青逐步积累了必要的知识，顺利在大三，亦即1926至1927年间，加入了由藤原松三郎教授[1]主持的讨论班。在那里，苏步青遇到了影响自己人生道路的一位重要人物——当时已在攻读博士学位的陈建功。

其实，早在苏步青就读于东京高等工业学校的时候，就已经知道了陈建功。那还要追溯到1921年，陈建功不仅考取了入学门槛颇高的东北帝国大学数学系，而且在《东北数学杂志》上以本科生的身份发表了一篇论文。高等工业学校的中国留学生考取帝国大学，而且还在日本学术刊物上发表了理论数学文章，这在当时的留学生群体中引发了不小的震动。这篇题为《无穷乘积的一些定理》（*Some Theorems On Infinite Products*）的文章被苏步青看到了，并且知道有一位浙江同乡在数学界建功立业。这位传奇般的人物，宛如一个标杆，激发了苏步青上进的心。如今，二人终于在东北帝国大学相遇了。这既是一种偶然，更是一种必然——有关他们的故事，我们将在后面详尽说来。

讨论班，日文用片假名写作"セミナー"，来源于英语的seminar一词，曾被费孝通先生别出心裁地翻译为"席明纳"。[2] 它的形式和内容大致可以归纳为"出席、辩明、吐纳"。在讨论班上，每个人都需要事先阅读最新的学术成果，然后依次做报告。一人做报告时，其他人都会带着疑问和批判，常常提出十分尖锐的问题。所以，为了避免在研讨会上"无言以对"，每个人都需拼尽全力，确保正确理解了自己阅读的论文；同时，也必须在讨论班上用心听取别人的报告，寻找其中的问题。这种相互质询的方式，可以有效加深对既有学术成果的理解、消化、吸收，促进批判性的思考，还锻炼了学术表达能力，可以说达到了综合训练的效果。在东北帝国大学接触的这种教育方

---

[1] 藤原松三郎（1881—1946），日本数学家、数学史家。1911年起任当时新设置的东北帝国大学数学系教授，1914年获授理学博士学位。他曾发表90余篇西文数学论文，是当时日本数学界的代表人物。

[2] 费孝通：《江村经济》，上海人民出版社，2013，第263页。

图 8　苏步青（后排右一）在讨论班上

式，无疑给陈建功和苏步青带来了很大的影响，这一点可以从他们后来在浙江大学和复旦大学推行讨论班看出。

讨论班的效果很快就在苏步青的身上开始得到体现。在藤原教授的讨论班上，苏步青对一个整体微分几何（global differential geometry）的问题产生了兴趣：他发现，德国数学家费克特（Michael Fekete）发表在1923年《德国数学会年鉴》上的论文，[1] 探索了复数多项式与平面几何之间的联系，而在这篇文章所给出的证明中，满足所涉及关联的特性范围实际上可以拓展。在藤原教授的指导下，苏步青得出了一个新定理的证明，也完成了自己的第一篇公开发表的数学论文：《对费克特一个定理的注记》（Note on a Theorem of Fekete）。这篇论文发表在日本学院主办的《帝国学院论集》上。[2] 对当时的大学本科生而言，这是极为难得的。这篇英文论文使苏步青的名字以片假名转写"Su Buchin"的形式，开始进入世界数学的视野之中——终其一生，苏步青也都用这个拼法来发表自己的论文；从此，这个名字不仅出现在日本的数学刊物上，还出现在美国、法国、意大利的期刊上。

苏步青平凡的家庭出身和富有成效的工作给林鹤一留下了深刻印象。因此，虽然苏步青入学之前没有给林鹤一看过介绍信，林鹤一却自己找上门

---

[1]　M. Fekete. Analoga zu den Sätzen von Rolle und Bolzano für komplexe Polynome und Potenzreihen mit Lücken. Jahresbericht der Deutschen Mathematiker-Vereinigung, 1923, 32:299-307.

[2]　B. Su. Note on a Theorem of Fekete. Proceedings of the Imperial Academy, 1927, 3（3）: 118-121.

118 [Vol. 3,

32. Note on a Theorem of Fekete.

By Buchin Su.

Mathematical Institute, Tohoku Imp. University, Sendai.

(Rec. Feb. 15, 1927. Comm. by M. Fujiwara, m. i. a., March 12, 1927.)

1. Fekete[1] and Bálint[2] proved the following theorem :
If
$$P(z) = p_0 + p_1 z^{\mu_1} + p_2 z^{\mu_2} + \cdots\cdots\cdots + p_k z^{\mu_k}$$
be a polynomial with $k+1$ terms ($p_0, p_1 \cdots\cdots\cdots, p_k$ are any complex numbers other than zero; and $\mu_1, \mu_2, \cdots\cdots\cdots, \mu_k$ are integers such that $1 \leq \mu_1 < \mu_2 < \cdots\cdots < \mu_k$), and $P(-1) \neq P(+1)$, then there exists at least one point z in the circle $|z| \leq 2 \cdot k \cot \frac{\Phi}{2}$ $\left(\Phi \leq \frac{\pi}{2}\right)$ in which $P(z)$ takes any given value γ in the domain K', whose boundary consists of two circular arcs subtending an angle Φ to the segment joining the points $P(-1)$ and $P(+1)$.

We can, however, extend this domain for γ into the circle K with centre $\{P(-1)+P(+1)\}/2$ and radius $\{|P(+1)-P(-1)|\cot\frac{\Phi}{2}\}/2$, which contains K'.

Our theorem runs as follows :

Theorem 1. *Let $P(-1) \neq P(+1)$, and γ be any point in the circle K with centre $\{P(-1)+P(+1)\}/2$ and radius $\frac{1}{2}|P(+1)-P(-1)|\cot\frac{\Phi}{2}$, where $\Phi \leq \frac{\pi}{2}$. Then there exists at least one point z in the circle $|z| \leq 2k \cot \frac{\Phi}{2}$, in which $P(z)$ takes the value γ.*

Proof. Draw two circular arcs passing through the points $P(-1)$, $P(+1)$, subtending an angle $\Phi \leq \frac{\pi}{2}$. Let AA', BB' be the common tangents of two circles and O the midpoint of $M(P(-1))$ $N(P(+1))$. Take a point Q on AA' and a point $R(\gamma)$ on the line OQ. Then since we have

---
1) Fekete, Jahrsb. d. Deutsch. Math. Ver. **32** (1923), 299-306.
2) Bálint, The same Journal, **34** (1926), 233-237.

图9 苏步青发表的第一篇数学论文

来。其实，自从1924年国内爆发江浙战争以来，浙江省付给留学生的公费资助就中断了，苏步青的留学生活也随之失去了经济来源。眼看着学业难以为继，苏步青不得不到校园图书馆兼任管理员，又在业余时间当杂志校对员，并卖报、送牛奶，假期外出当家庭教师、打字员等，以维持最低的生活水平。回顾这段时光，苏步青觉得这增加了他接触社会的机会，"对自己交际能力的提高有很大的促进"；[1]但在客观上，如此冗杂而繁忙的兼职还是占用了他钻研学问的时间，对他的数学研究造成了不小的阻碍。林鹤一得知之后，

---
[1] 苏步青：《神奇的符号》，江苏人民出版社，2008，第34页。

就从自己的薪水中每月支取40元给苏步青做生活费。为照顾苏步青的自尊心，他还说："等你发了财还我。"[1] 不久，林鹤一还给苏步青提供了管理数学系藏书和校对《东北数学杂志》的机会，让他不仅能赚取一些零钱以供生活之用，还能够在图书室里接触丰富的藏书，一有空即可随时参考，在第一时间了解最新学术成果。这种独特的"勤工俭学"方法，也给日后苏步青培养谷超豪等自己的学生提供了范例。

除了林鹤一教授的私人资助之外，苏步青在1929年10月、11月，1930年7月等也都有获得学费资助的记录，额度为100元。[2] 相比于一般官费补给生每人每月资助70元，这一金额表明他进入了被日本政府选中的"特选留学生"行列。[3] 这项"特选留学生"制度可以追溯到1923年日本建立的"补给生"制度。在该年3月日本召开的第46届国会上，通过了《对华文化事业特别会计法案》。它利用中国政府的庚子赔款来"补贴"中国留学生，意图培养和增进所谓"中日亲善"的感情。法案虽然原则上同意中国政府也可以选拔学生，但作用有限。1924年12月，日本政府为进一步加强对庚子赔款的支配权，选定了在公立和私立大学研究生院就读的5名中国留日学生为特选留学生，每人每月发给学费150元，陈建功就位列其中。[4] 正是在陈建功毕业的那一年，苏步青开始获得特选留学生的资格。这个补给项目最终以《特选中国留日学生选定标准及手续》的书面文件形式得到确认，每年选拔具有研究生水平的留日学生，资助其从事高层次的学术研究。[5] 根据现

---

[1] 苏步青：《神奇的符号》，江苏人民出版社，2008，第34页。
[2] 日本外务省外交史料馆「在本邦留学生補給実施関係雑件 / 送金関係　第二巻」(H-5-0-0-3_1_002)，『アジア歴史資料センター』，索引号 B05015412700。
[3] 潘吉玲：「『特選留学生』学費補給制度（1924—1940年）に関する研究」，『次世代論集』，2018：31—54。但是，日本外务省外交史料馆中，有关苏步青自1929年接受"特选留学生"学费补助的原始档案，包括其成绩说明或教授推荐等文书均未能够找到。根据"在本邦留学生関係雑件　第七巻"(H-5-0-0-1_007)（同前索引号 B05015399700）所列1928年"学費補給民国留学生調"，其中列出东北帝国大学为陈建功、何卓群、陶炽三人。陈建功、陶炽于次年毕业归国。昭和四年（1929）11月，"各学校等ニ於ケル補給事務関係者ニ手当支給ノ件"（同前，索引号 B05015555500）所列东北帝国大学补给生在籍数由3人变为2人，其中何卓群出现在有关补给费用增加至100元的档案中外（"特選留学生ニ対スル給費増額ニ関スル件　昭和四年"，同前，索引号 B05015513300），并无另一人确切姓名。
[4] 日本外务省外交史料馆「在本邦特選留学生補給実施関係雑件 / 資格取消関係」(H-5-3-0-1_4)，『アジア歴史資料センター』，索引号 B05015516400。
[5] 此后还另行设置了"选拔留学生"，与形式上仍包含中国政府参与的一般留学生资助标准相同，与"特选留学生"并存。徐志民：《日本政府的庚款补给中国留日学生政策研究》，载《抗日战争研究》，2012（3），第63—74页。

图10 日本政府支付苏步青1929年7月学费资助凭据

有的资料,和陈建功、苏步青一样获得过"特选留学生"资格,并在后来成为知名学者的,还有生物学家罗宗洛。回国后,他与苏步青做过一段时间的同事和邻居。

此外,在林鹤一的积极争取下,数学系教授达成一致,决定聘任苏步青为东北帝国大学附属第九临时教员养成所的讲师。[1] 苏步青在这个临时教员养成所教授代数课,这不仅让他因"非帝国之臣民而为帝国大学之讲师"名噪一时,也让他额外获得了每月65元的收入。有了这些物质上的保障和师长的帮助、鼓励,苏步青的学业终于走上了正轨。他开始正式向世界数学的前沿迈出自己作为一个中国人的步伐。

---

[1] 临时教员养成所是附设于帝国大学、公立大学或专科学校,培养教育人才的师范类学校,附设于东北帝国大学的第九临时教员养成所建立于1923年,设数学科和物理化学科两个专业。

四

第二位理学博士

在水到渠成的表面之下,在看似必然的结局来临前,是无数次的艰难尝试,是在偶然性之间的不断彷徨。也正是在这偶然与必然的交织中,苏步青的"几何人生"才逐渐显露出了清晰可辨的形状。

攻读博士学位

苏步青成绩突出地完成了在东北帝国大学的3年本科教育。在林鹤一教授的支持下，他得以进入大学院攻读博士学位。此时距离日本建立大学院制度已过去了47年，距离日本开始授予博士学位也已经过去了40年。在这40多年的时间里，还没有一个中国人，甚至是没有一位外国人在日本获得过理学博士学位。这项零的纪录，在苏步青入学大学院之后两年的1929年，才由陈建功打破。他成为第一位在日本取得理学博士学位的留学生，苏步青紧随其后，成为第二位。[1]

苏步青开始攻读博士学位的1927年，这是一个值得注意的年份。这一年，距离德国数学家高斯（Johann Carl Friedrich Gauß，1777—1855）里程碑式的论文《曲面的一般研究》的发表，已过去了整整100年。从这篇论文开

---

[1] 这里需要指出，虽然中国留日学生数量众多，最早的博士学位却是在欧美获得的。早在1913年，宁波鄞县（今宁波市鄞州区）人胡文耀据信就已从比利时鲁汶大学获得数学博士学位。有确切证据（博士论文）表明，无锡人胡明复于1917年从康奈尔大学获得数学博士学位，同年在《美国数学会通讯》上发表了他的博士论文。胡明复是中国第一位留美数学博士，也是第一位在国外发表数学论文的数学家。在美留学期间，与任鸿隽、赵元任等人发起了中国科学社。其兄胡敦复是著名的数学教育家；其弟胡刚复则是中国近代物理学的奠基人之一，于1936年至1949年间任浙江大学理学院院长，此时苏步青任浙江大学数学系主任等职。

图 11　1927 年苏步青从东北帝国大学理学部数学科毕业（前排右三为苏步青，左七至九为洼田忠彦、林鹤一、藤原松三郎）（日本东北大学史料馆供图）

始，现代几何学进入了一个快速更新发展的时代——由于高斯引入一系列全新的概念和理论，近代形式曲面论的基础得以奠定；在此之上，黎曼（Bernhard Riemann）把高斯的工作推广到任意维数的空间，建立起后世称为"黎曼几何"的基本概念。1872 年，德国数学家菲利克斯·克莱因更是提出了著名的"爱尔朗纲领"。他提出，每一种几何对应一个变换群（一种代数结构），这种几何研究的对象是各种形体在相应变换群下不变的性质，而欧几里得几何所对应的就称之为"欧几里得群"。这一纲领的重要意义在于，它明确地在代数和几何两门看似不相干的数学分支领域之间架起了桥梁，也让数学趋于一个更加统一的整体。到了 1901 年，意大利数学家里奇（Gregorio Ricci-Curbastro）与其学生列维-奇维塔（Tullio Levi-Civita）在《绝对微分法及应用》中系统地建立了张量分析技术，这直接促成 1916 年爱因斯坦在建立广义相对论时采用张量分析作为理想的数学工具。在这些新思想、新工具、新方法的带动下，几何学从初等的"点线面体"转向抽象的符号运算，成为"没有声音的音乐、没有色彩的图画"，走向了更高等级的抽象层次。[1] 然而，在这整整一个世纪的时间里，还没有几位中国人在这条通向现代几何学的路径上进行过探索并留下痕迹。

在日本数学界，西方数学在几何等领域取得的一系列突破已经带来了影

---

[1] 薛有才、董杰：《白正国与浙江大学微分几何学派》，载《科技创新导报》，2016（18），163—166；张光远：《微分几何学发展概论》，载《宜宾师专学报》，1990（2），20—31。

四 第二位理学博士

图12　洼田忠彦

响。林鹤一的老师、日本数学教育家藤泽利喜太郎1882年从日本东京帝国大学毕业后，先是到伦敦大学，数个月后再到柏林和斯特拉斯堡进修。返回日本后，他将此行所见的欧洲数学教学方法，尤其是德国大学做研究的风气带回日本。可以说，明治维新之后的日本现代数学在很大程度上就是由藤泽利喜太郎所创建的。[1] 专业方面，他精通椭圆函数论，也让解析几何成为日本现代数学的起点学科。作为联结"数"与"形"的枢纽，解析几何的发展赋予了日本现代数学发展的多种可能性。在东北帝国大学数学系，作为藤泽利喜太郎弟子的林鹤一，不仅在老师钻研的领域和教育方法上有所继承和突破，而且广泛吸收世界数学最新进展，积极投身到世界数学的交流之中。在他主持数学系期间，吸纳多位有留学背景的教授，也派出不少教员前往欧洲考察，进行学术交流，洼田忠彦就是其中之一。

洼田忠彦于1885年2月27日生于日本东京市芝区，在东京第一高等学校完成预科学业，之后又于1908年毕业于东京帝国大学数学研究所。1910年被任命为第一高等学校教师，1911年东北帝国大学在仙台成立，他被任命为助教授。1912至1915年由日本政府公派到英、法、德三国游历，1915年回到东

---

[1] 丘成桐：《从明治维新到二战前后中日数学人才培养之比较》，载《高等数学研究》，2010（2），2—7。

```
Tadahiko Kubota
─────────────────
Doctor of Science  Tohoku University 1915 ●
            Dissertation:
Mathematics Subject Classification: 53—Differential geometry
            Advisor: Unknown
            Student:

   Name         School        Year  Descendants
   Su, Buqing  Tohoku University  1931      23

According to our current on-line database, Tadahiko Kubota has 1 student and
                    24 descendants.
            We welcome any additional information.

If you have additional information or corrections regarding this mathematician, please use the
update form. To submit students of this mathematician, please use the new data form, noting this
            mathematician's MGP ID of 117785 for the advisor ID.
```

图13 北达科他州立大学的"数学家谱系计划"中收录的有关洼田忠彦的信息（其中显示他并无博士论文题目，导师也不详，而唯一收录其中的学生则是苏步青）

北帝国大学并升任教授，负责东北帝国大学的几何学教学。[1] 1926—1927年间，洼田忠彦前往欧洲考察、访学，还与出生于奥地利的著名几何学家布拉施克（Wilhelm Blaschke，1885—1962）一同在波恩大学的 C. H. Eduard Study 教授（1862—1930）门下工作。[2] 回国后，他也致力于将 Blaschke 独具特色的一套微分几何学方法发扬光大。

不过，在欧美学界整理收集的数学家学术谱系上，[3] 洼田忠彦并没有与任何欧洲的老师建立关联，甚至他在日本的老师也谱上无名——他仿佛是孤立于数学大家族之外的一个点，既没有导师，也没有博士论文。这是因为在1920年以前，日本执行的是1889年（明治二十二年）12月10日公布的《学位令》。[4] 依据这一法令，没有博士论文的帝国大学分科大学教授，经校长

---

[1] Shigeo Sasaki: Obituary note: Tadahiko Kubota (1885–1952). Tohoku Mathematical Journal, 1952, 4 (3): 318–319.
[2] 蘇步青:「中国における微分幾何学の成長と発展」,『数学』, 1983（3），221—228页。不过，Blaschke 在波恩大学进修，并经由 Study 审核而获得授课资格是1908—1910年间发生的事情。若苏步青此言不虚，那么在此期间洼田所做的工作也尚有待考证。另可参考 Karl Strubecker: Wilhelm Blaschke (13.09.1885–17.03.1962). Results in Mathematics, 1985, 8 (2): 153–163。
[3] https://genealogy.math.ndsu.nodak.edu
[4] 相比于明治十一年公布的第一部《学位令》，主要增加了惩罚条款，即有损于博士称号的获得者，文部大臣有权褫夺其博士学位。敕令第344号，第二条之三：「大学分科大学教授ニハ当該大学総長ノ推薦ニ依リ文部大臣ニ於テ学位ヲ授クルコトヲ得」；第三条：「学位ヲ有スル者其ノ栄誉ヲ汚辱スルノ行為アルトキハ博士会ノ議ヲ経テ文部大臣其ノ学位ヲ褫奪ス」。但还没有对博士论文作出要求。

推荐，也可以从文部大臣那里得到博士学位。[1] 1915年的洼田忠彦就是以这种方式获得博士学位的。而在这个孤立"点"的名下，只有苏步青这一颗"硕果"。

在进入洼田教授门下攻读博士学位以前，苏步青就曾在本科第二年的综合几何学和第三年的微分几何学课程上，两次与他相遇。洼田教授的讲解鞭辟入里，展示出的几何世界引人入胜，这正是苏步青所心醉沉迷的。而在洼田教授门下，还有一位当时就已展露出才华、小有名声的学生河口商次。洼田教授于是成了苏步青选择导师时的首选。

在东北帝国大学数学系，洼田教授严厉是出了名的。初入门下时，终日做题的苏步青遇到了困难，便向洼田教授请教。洼田教授看后只简单地说："请你去看Salmon-Fiedler，然后再来找我。"简短的一句话，要达成却需要啃完2000多页的外文书。这里的"Salmon-Fiedler"指的是两位19世纪的几何学家——爱尔兰人George Salmon（1819—1904）和德国人Otto Wilhelm Fiedler（1832—1912）的一系列重量级研究工作。Fiedler翻译了Salmon有关解析几何、射影几何和代数几何的多部著作，[2] 在德语国家，这些翻译的著作就被称为"Salmon-Fiedler"。卷帙浩繁，难免令人望洋兴叹。但是想到是导师的要求，苏步青也只好硬着头皮读下来。所幸有了三个月速成日语的信心，经过一学期，苏步青也克服了阅读德语数学文献的障碍，真的把这些书啃了下来。这不仅让他解决了当初困扰他的那道难题，更学习到了当时最为系统的几何知识。此后的每个周一，当苏步青和河口商次、荻原伸次两位同门师兄弟一起去洼田忠彦家进行两小时的例行讨论时，也就多了一份底气。

洼田教授这三位门生来往并不十分紧密。虽然每周的面授结束之后，他们都会同洼田忠彦的太太一起打麻将，[3] 但在他们三位留下的文章中，很少

---

[1] 直到1920年修订后的《学位令》才确立论文为取得博士学位的必要条件。参见敕令第200号，第四至九条就论文审查、发表作出了规定，特别是第六条规定了论文是授予学位的必要条件：「大学ニ於テ学位授与ノ認可ヲ申請スルトキハ論文及其ノ審査ノ要旨ヲ添附スヘシ」。

[2] 这套书包括：Analytische Geometrie der Kegelschnitte mit besonderer Berücksichtigung der neueren Methoden, Teubner 1860. Vorlesungen zur Einführung in die Algebra der linearen Transformationen, Teubner 1863. Analytische Geometrie des Raumes, 2 Bände, Teubner 1863. Analytische Geometrie der höheren ebenen Kurven, Teubner 1873. 等。

[3] 蘇步青：「仙台留学時代の思い出」，『数学セミナー』，1981（6）：34—36。

提及彼此的学术成果。不过，这些共同学习的经历仍然对苏步青产生了一定的影响。思想史家以赛亚·伯林曾说：有一种"狐狸"型的学者，也有一种"刺猬"型的学者；狐狸知道许多小事，而刺猬只知道一件大事。[1]然而在成为"刺猬"还是"狐狸"的选择上，也并不是非此即彼的。这一点放在苏步青和他的两位同门身上显得尤为贴切。作为师兄的河口商次与苏步青同龄，后来建立了有名的"河口空间"，成为享有世界级名声的数学家。早在大学院时期，他就爱好研究各种空间几何学，在同道中是出了名的爱好研究"大问题"的学者。后来，苏步青从射影几何学转向一般空间几何，也与当年同河口一起研究讨论打下的基础有分不开的关系。和他相反，另一位同门荻原伸次则喜欢研究曲线微分几何，也因此被人称为爱钻研"小问题"的专家。问题虽小，但难度一点也不低。1926至1927年间，还在就读本科的荻原发表了两篇关于椭圆曲面上曲线的论文，引起了日本数学界的注目，[2]这些研究题目也塑造了苏步青的学术兴趣。从两位同门身上体现出的"大"与"小"的辩证关系，无疑给苏步青留下了深刻印象。

钻石微分几何

无论是洼田忠彦还是苏步青和他的同门，所研究的内容都从属于数学上一个名为"微分几何学"的领域。乍一听，它仿佛是关心"小东西"的数学分支；其实，微分几何范围广阔，与拓扑学等其他数学分支有紧密的联系，对现代物理学的发展也有重要影响。爱因斯坦的广义相对论就以微分几何中的黎曼几何作为其重要的数学基础，正是这个分支学科，成为苏步青大展身手的万里疆场。

微分几何学研究的范围并不难理解。1736年，著名的数学家欧拉提出，曲线上的点具有一个内在的坐标，也就是它所在位置的弧长。后来的高斯注意到，曲面上曲线的长度、两条曲线的夹角、曲面上某一区域的面积、测地

---

[1] ［英］以赛亚·伯林：《俄国思想家》，袁怀栋译，译林出版社，2001，第26页。
[2] S. Ogiwara: Ueber affine Bertrand'sche Kurven. Japanese Journal of Mathematics. New series, 1927: 4: 93–99. S. Ogiwara: On the Elliptically Curved Oval. Japanese Journal of Mathematics: transactions and abstracts, 1926,3: 37–42.

线、测地曲率和总曲率等曲面内在性质，可以确定曲面的局部性质，从而建立了曲面内蕴几何学。微分几何所研究的，正是这些几何图形的局部性质，包括诸如曲线在一点的切线、法平面、曲率、挠率，曲面的切平面、法线以及各种曲率等概念。如果说我们熟悉的欧几里得几何是在一个四四方方的房间里看待一条曲线，那么微分几何就要求我们变成一只小蚂蚁，身在曲线上进行观察。这种视角的转换并不是纯粹的智力游戏，因为我们所生活的地球，就不是这样一个"四四方方的房间"，我们栖息在它的表面上，而这个表面恰恰是一个曲面。从这个意义上说，微分几何虽然关心的是"小问题"，但它并不比栖息于地球上的人类自身更为渺小。

在老师们的带领和影响下，苏步青尤其钟情于仿射微分几何和射影微分几何。所谓仿射几何（affine geometry），主要研究的是仿射变换下几何图形的性质，20世纪20年代后期，微分几何学的这一分支在国际上处于热门。仿射几何通俗来说就是几何图形进行任意的拉伸、平移。如果说我们所熟悉的欧氏空间中，总可以找一把尺测量到长度，那么在仿射几何中，我们就不一定找得到这样的尺了，甚至难以确定两条直线是否垂直。不过，在这样的空间中我们还能找到直线，两条直线也可以保持平行关系不变。通过一些变换，仿射空间和欧氏空间中的点可以一一对应。由于这种性质，它也成为进入更为抽象、更有难度的射影几何的一个中间环节。

此后，苏步青主要展开研究并获得突出成绩的是射影微分几何。它肇始于1878年法国数学家阿尔方（Georgs-Henri Halphen，1844—1889）的学位论文，1906年起经以德裔美国数学家威尔辛斯基（Ernest Julius Wilczynski，1876—1932）为代表的美国学派所发展，特别是在1914年，美国数学家苏利文（C. T. Sullivan）发现，当一个直纹面的非直线的主切曲线全属于线性丛时，这些曲线是互为射影等价的，在微分几何学发展历史上留下了美国学派浓墨重彩的一笔。Wilhelm Blaschke则于1926年把这一结果扩充到非直纹曲面上，他的这个重要成就被称为"Blaschke定理"。日本由于和德国数学界往来甚密，几何学者更倾向沿着Blaschke的路径展开研究。如前面所说，洼田忠彦也是其中之一。苏步青自己也受到Blaschke在1916年出版的《圆与球》（*Kreis und Kugel*）这本著作的影响，才在洼田先生指导下进行了关于曲线和曲面理论的研究，从中产生出对仿射微分几何学的兴趣。[1]

这本经典的《圆与球》，第一章讲述的是一个初等几何就可以理解的问题：对于给定的边长，平面上哪一种几何图形的面积最大？这被称为等周问题，从古希腊人开始就已有研究。Jakob Steiner很早给出了一种现代意义上能够理解的证法，被形象地称为"四连杆"。他作了几条辅助线，用来证明圆的面积最大。由于用几何作图、不等式和简单的推理就能理解论证过程，不用超出初等数学的范围，这一问题后来也成为苏步青给中学教师授课时的引导。可是，在Steiner的证法中，对于"面积""曲线"等基本概念并没有加以严格的界定，而它所证明的，与其说是"圆的面积最大"，不如说是"如果不是圆，那么面积不会达到最大"。这其中有一个微妙的区别：譬如对于数列 $1/2$，$2/3$，$3/4$，$4/5$，…，$n/n+1$，数列中的每一个数都始终小于1，而且无论n如何变大，也都无法达到这个"1"。"最大"如果确实能够用圆来达到，这本身还需要一个证明。所以，要证明圆的面积等同于这一最大面积，仅仅运用"四连杆"法就显得不够了。正是在"无疑处见疑问"中，高等数学的基本概念——极限，在几何问题中显得有所必要了。通过坐标等方式确定面积公式，再借助多边形，"圆"将以极限的方式重新登场，而解析几何、微积分也都相继登场。值得一提的是，在苏步青晚年为中学数学教师举办讲座时，第一节课所说的也同样是这个"等周问题"。因此，不夸张地说，《圆与球》为苏步青走上几何学道路提供了一份指南，我们可以从中看到贯穿他一生的思维路径。尽管苏步青在数学这条路上在不久之后便有后来者超越——数学这门学科正是在这种不断的超越中发展前行的——他所留下的路标仍然清晰可见，知识的积累也唯有通过这些路标才成为可能。

在苏步青就读大学院的时代，微分几何学研究高速发展，美国、德国、法国、意大利等多国都形成了研究重镇。当时，法国数学家嘉当（Élie Cartan）已经在微分几何领域取得了极其重要的成果，[2] 著名的旅美数学家陈省身正是在师从嘉当之后，学术思想焕然一新，在数学领域取得了杰出的成

---

[1] 蘇步青：「中国における微分幾何学の成長と発展」，『数学』，1983（3）：221—228。
[2] Élie Joseph Cartan（1869—1951），法国数学家，又译卡当、卡坦，在数学物理、微分几何、群论等领域作出了重大贡献，为李（Lie）群理论及其几何应用奠定了基础。

就。[1]然而由于嘉当的思想超前,论文晦涩难懂,其人又极度谦虚,当时并不广为人知。而名号更为响亮的则是意大利著名数学家富比尼(Guido Fubini)所领导的"意大利学派",他也是当时几何学界的领军人物。[2]富比尼的一项精彩的研究是前面所说的Blaschke定理的逆命题,即如果一族渐近曲线是射影等价的,则此族是否必属于线形丛?富比尼只部分回答了这个问题,还有待进一步探索。这也引起了苏步青的兴趣。可是,作为意大利人,富比尼的著作理所当然地是用意大利文写成的,他带领的意大利学派的成员也基本都用意大利文写作论文。为了及时了解同时代数学家们的杰出工作并与他们交流,苏步青迫切需要掌握意大利语。幸运的是,在东北帝国大学数条马路之外,就有一座巴黎传教士于1897年建立的教堂,名为天主教元寺小路教堂。就是在这里,苏步青得以借弥撒之机接近天主教的神父,师从他学习意大利语。当时,随着明治维新的深入,对天主教和基督教新教的禁令废除。天主教会在日本重新施展身手,迫切需要培养神学人才。苏步青的拜访让神父以为找到了热心教义的教徒,自然教得十分勤快;苏步青学得也格外认真。仅仅过了3个月,苏步青就基本学会了意大利语。奈何苏步青的本意全在读懂意大利语的数学文献,因而当神父打算向苏步青传授教义时,他预备了谢礼,向神父请辞。神父虽不愿轻易放弃这位好学的年轻人,但也无法改变他对数学的热忱。一番辩论之下,神父谢绝了礼物,大度地说:"每个人都有自己的宗教,你把数学当作自己的宗教。孩子,你去努力吧!"[3]神父的意大利语课程让苏步青得以与意大利的同行顺利地沟通,加紧学习最新的微分几何学成果,更让他对这位神父感恩在心。数年之后,苏步青指导自己的学生白正国,最终完整解决了富比尼提出的问题。

---

[1] 陈省身(1911—2004),浙江嘉兴人,1926—1930年就读于南开大学数学系,此后就读于清华大学,师从中国微分几何先驱孙光远教授。1934年获硕士学位,是中国自己培养的第一名数学研究生。随后赴德国,1936年在汉堡大学获博士学位,转而去巴黎师从嘉当进行研究。1937—1943年在清华大学(合组入西南联大)授课,1943—1946年在普林斯顿大学高等研究院工作。1946年回沪主持中央研究院数学研究所工作,1949年初迁往美国。曾任美国数学会副主席,是美国科学院院士、中国科学院外籍院士。退休后回国,1985年在南开大学建立南开数学研究所并任所长。2004年逝世于天津。陈省身不仅在微分几何与拓扑学领域内建树卓著,他所获得的成果在整体上对当今数学亦有重要贡献。

[2] 参见陈省身:《广义相对论和微分几何》,胡和生译,见《陈省身文集》,华东师范大学出版社,2002,第247页。

[3] 苏步青:《神奇的符号》,江苏人民出版社,2008,第30—31页。

"苏步青锥面"

1928年,苏步青在对一般曲面的研究中,发现了一个颇有意义的四次(三阶)代数锥面。[1]在此基础上,洼田教授很快写了一篇文章,题为《对仿射平面理论的若干注记》。[2]这篇文章明确将苏步青的发现称为"苏步青锥面"(B. Su'scher Kegel),获得了多次转载和广泛引用,"苏步青锥面"为世界所知,这项研究成了苏步青的成名作。

这一阶段苏步青的另一项成就,是引进和决定了仿射铸曲面和仿射旋转曲面。他确定了所有仿射铸曲面并讨论了它们的性质,其中仿射旋转曲面是仿射铸曲面的一种特殊情形,它的特征是这种曲面的仿射法线必和一条定直线相交。这些结论是对普通的旋转曲面非常自然的推广。[3]我们可以设想,有一把刀在切削零件,先假设刀柄上的一点不动而刀头在动,整把刀与零件接触点自然连成了一条轨迹,而这条轨迹在一个平面上。然后,刀柄也沿着一条空间中的曲线运动。所有的轨迹平面之间互相平行,那么这个零件的外表面就是仿射铸曲面。一个最为简单的例子是,轨迹正好都是圆形,那么当刀柄不动时,这个零件可以是以刀柄为顶点的圆锥的一个部分;当刀柄运动起来,这个零件可以看作一个个圆锥拉伸、压缩、移动、切削组合而成的。缩放与移动,正是"仿射"的应有之义。在仿射中,切削("减法")也是可以保持的。苏步青还将它们从三维空间进一步向高维空间作了扩展。他并不是从这个现实问题着手展开研究的;相反,他是在先前的微分几何学家Darboux[4]等人的成果中,发现了这些工作之间内在的关联,并将它们联系起来。

苏步青常常说,"学习是为了发展、为了创造"。一旦入了门,凭着一股初生牛犊不怕虎的韧劲和倔强,他专挑硬骨头下手,力图解决学科中的重大

---

[1] 张素诚、白正国、谷超豪、胡和生:《苏步青教授对我国数学事业的贡献》,载《数学年刊A辑(中文版)》,2002(1),第1—6页。
[2] T. Kubota: Einige Bemerkungen zur Affinflächentheorie. *Science Reports Tokyo*, 1930,19, 163-168.
[3] 同[1]。
[4] Jean Gaston Darboux(1842—1917),法国数学家,在数学分析和微分几何领域作出了重要贡献。是巴黎教授团成员,曾任法国经度局主席。

问题。整个大学院在读期间，苏步青的成果颇丰。1930年，北平研究院向全国征集留学生著作，在浙江省教育厅报送的材料中，苏步青的论文多达21篇（本）。[1] 到了1931年初，苏步青的论文发表数量更是上升到了41篇，这些仿射微分几何和射影微分几何的研究论文刊登在日本、美国、意大利的数学刊物上，其中尤其引人注目的是题为"仿射空间曲面论"的一组系列文章。在文章中，苏步青一口气解决了仿射微分几何与射影微分几何之间的关系这一重要问题，这也构成了他博士论文的主要内容。[2] 这些工作既反映了他刻苦勤奋，同时也展现出他在不同的学者之间穿梭连线，组织起一幅复杂的"全景图"的良苦用心。数学是一门充满创造性的学科，正是在前人所未发之处，苏步青发现了蕴含其中的美与真实。

1931年3月，苏步青完成了260多页的学位论文，总结了自己在东北帝国大学7年的所学所思，提交给论文答辩委员会审阅。经过答辩，校教授会通过了这篇学位论文，并授予了苏步青博士学位。东北帝国大学在曲面几何和微分几何学上的相对优势，经过洼田忠彦等教授的指导，逐步转化为苏步青自己的学术专长。当时世界数学界的同行，通过那些发表的论文了解到，在日本有一所东北帝国大学，那里有洼田忠彦、苏步青、中岛宗治（后改姓松村）等数学家，[3] 他们以《东北数学杂志》为主要学术阵地，形成了一个微分几何学的日本学派，延续了Blaschke一派的微分几何学研究。[4] 多年以后回忆起这段缘分，苏步青说："指导我的导师林鹤一先生、藤原松三郎先生、洼田忠彦先生等，虽然作古多年，但是他们给我的教导，使我能够在教育界、科学界作出一点儿贡献，是终生难忘的，是永远值得感谢的。"[5]

值得一提的是，《东北数学杂志》是苏步青在日本期间发表论文最多的杂志。但是，与名称中暗示的不同，这本杂志并不是东北帝国大学数学系的官

---

[1] 《公牍：（甲）征集留学生著作：（二）浙江省教育厅公函送留德学生邮堃厚留日学生董事茂苏步青等论文（十九年四月廿日）》，载《国立北平研究院院务汇报》，1930（2），第1—2页。

[2] 苏步青、李大潜：《苏步青教授谈治学》，载《文章道德仰高风》，第147页。

[3] Matsumura, S. Differentialgeometrie der Kreisscharen (XIV). Tohoku Mathematical Journal, First Series, 1933, 36, 116–124.

[4] Agnew, Alfonso F., et al. Gheorghe Țițeica and the origins of affine differential geometry. Historia mathematica 36.2 (2009): 161–170.

[5] 王增藩：《苏步青传》，浙江科学技术出版社，2010，第105页。

图14　1983年苏步青在日本东北大学演讲

方刊物，而是由系主任私人投资创办的；它也不是一本地方性的杂志，其不仅登载东北帝国大学教师和学生的成果，其稿源实则遍及整个日本。[1] 它由林鹤一一手创办于1911年8月，而创办这本杂志的初衷则来自林鹤一自己的亲身经验：当他来到新成立的东北帝国大学数学系任职之际，已经累计发表了229篇西文论文，他从中深切感受到向世界传播学术研究成果的重要性。因而这本杂志不仅在日本国内，还向英、德、法、意四国发行。林鹤一虽然从来没有留过学，但他以这种方式，和世界数学界一直保持着强而有效的联系，直到他1935年因操劳过度猝然而逝。可以说，这是日本数学与世界数学前沿保持紧密联系的桥头堡，苏步青正是借助这一桥头堡，将自己的成果带到了世界面前。

这种"国际影响"很快便发生了作用。在中国天津的南开大学，有一位已经成名的数学家也看到了，他就是中国现代数学之父姜立夫先生。[2] 虽然

---

[1] 此前创办的《东京数理学会志》上，数学论文发表数量并不多。参见：Fujiwara, Matsusaburō. Obituary Note. TSURUICHI HAYASHI (1873–1935) Tohoku Mathematical Journal, First Series, 1935/36, 41:265–289。

[2] 姜立夫（1890—1978），谱名培琣，学名蒋佐，字立夫，以字行，浙江平阳人。他于1911年考取官费留学资格赴美留学，1915年在加州大学伯克利分校获理学学士学位，又于1919年凭《非欧几里得空间直线球面变换法》（*The Geometry of Non-Euclidean Line Sphere Transformation*）一文获得博士学位。1920年，姜立夫在南开大学创办了只有他自己一个人的算学系，江泽涵、陈省身等重量级的数学家都曾在姜立夫门下求学。参见：Alexander, Karp Gert Schubring, eds. *Handbook on the history of mathematics education.* Springer, 2014,166。

与苏步青是同乡,但刚看到那些论文的时候,姜立夫甚至不知道这位"Su Bu-chin"的中文名字写法,更不知道他来自何方。但作为一名几何学家,姜立夫看出文章作者过人的学术水平。出于对这位青年数学家的赏识,姜先生欣然命笔,写下了颇有分量的推荐信。燕京大学、厦门大学、浙江大学等高校获信后,纷纷向苏步青发去邀约。燕京大学还开出了每月240美元的高薪。身在日本的苏步青并不知晓这一切,直到国内大学的聘书纷至沓来,方才略有所知。由于在东北帝国大学的研究工作未告结束,苏步青还没有确定何时能够回国,他就全部谢绝了。后来,姜立夫得知苏步青决定去浙江大学时,为了让他在经费有限的情况下得到更好的发展,毅然放弃了属于自己的那一份浙江大学聘书,尽管他自己当时已经准备好了教学所用的教材。这样一份沉甸甸的知遇之恩,不仅是苏步青的幸运,也同样铭写在了中国现代数学的史册上。苏步青在缅怀这位老一辈数学家时不无感慨地说,姜立夫"对中国现代数学事业,功劳重大,影响至深,没有他,中国数学面貌将会是另一个样子"[1]。

悬想400多年前,1607年,徐光启与利玛窦花了足足8个月的时间,[2] 合译了《几何原本》前六卷,让"几何"这个词进入汉语之中,流传至今。这是中国第一次系统引进世界数学成果的尝试,然而徐、利二人的合作在中西交流史上留下的这一笔浓墨重彩,某种意义上却折射了一种无奈——在很长的时间里,这部几何学著作遭人遗忘,尘封在故纸堆之中。即便到了清代,一批批传教士带来了近代数学的最新进展,他们所能获得的最好的待遇也不过是成为御用的天文观测员或是工匠头领,几何学的知识被垄断在宫廷之内。直到徐光启完成前六卷译文的200年后,《几何原本》才由李善兰补译了后九卷。在海的东边,徐光启这位文渊阁大学士所提出的"富国强兵"治国理念,却成为日本明治维新的口号。几何学在中国的西学接受史上的这种先驱性,连同它不无几分尴尬的地位和沉重的历史寓意,使之成为中国数学与世界数学、中国现代化之路接轨的总体象征。在《几何原本》的序言中,徐光启

---

[1] 殷堰工:《中国现代数学的拓荒人姜立夫》,载《初中生数学学习》,1997(10),第28—30页。
[2] 汤开建、张中鹏:《徐光启与利玛窦之交游及影响》,载《华南师范大学学报(社会科学版)》,2012(5),第71—80页。

写道:

> 先生曰:"是书也,以当百家之用,度几有羲、和、般、墨其人乎?犹其小者,有大用于此,将以习人之灵才,令细而确也。"余以为小用、大用,实在其人。如邓林伐材,栋梁榱桷,恣所取之耳。顾惟先生之学,略有三种:大者修身事天;小者格物穷理;物理之一端,别为象数。一一皆精实典要,洞无可疑。其分解擘析,亦能使人无疑。而余乃亟传其小者,趋欲先其易信,使人绎其文,想见其意理,而知先生之学可信不疑,大概如是,则是书之为用更大矣。[1]

在这个意义上,苏步青走上几何学的道路,同他的报国之志存在着强烈的共鸣,研究几何也可以视为他的"命运"。然而这份"命运"展开的过程,却并不像几何证明题那样按部就班、水到渠成。曾经就有人产生过误解:"几何学或许就是个完美的专家化的例子,从清晰的合理到必要的推论,不掺杂任何命运或者偶然。从事几何研究的人具有完美的洞察力和完全的控制感。"[2] 可是无论是谁,求取知识的生涯,总不会像事后总结时那样泾渭分明;就像证明的步骤虽然简略,却是建立在无数辛勤的钻研,甚至刻骨铭心的失败基础上的。在水到渠成的表面之下,在看似必然的结局来临前,是无数次的艰难尝试,是在偶然性之间的不断彷徨。也正是在这偶然与必然的交织中,苏步青的"几何人生"才逐渐获得了清晰可辨的形状。

---

[1] 徐光启:《〈几何原本〉序》。
[2] [美]布鲁姆:《爱的阶梯》,《柏拉图的〈会饮〉》,刘小枫译,华夏出版社,2003,第166页。

五

二十年的君子之约

"花上20年的时间,把浙大数学系办成世界一流的数学系。"陈建功与苏步青的君子之约,留给浙大一份丰厚的精神遗产,也促成他们领导的"陈苏学派"这一中国数学家群体受到世界的注目。

开启中国数学的浙大篇章

在苏步青成为几何学家的过程中，我们更多看到的是偶然。虽然这种偶然有时也以必然性的面貌呈现，但它们更多是一种身处外部环境的迫不得已，而不是苏步青自己的主动选择。可是，在种种偶然与被迫之中，毕竟还是有一些事预先埋藏下了种子——与杨霁朝、洪岷初、刘绍宽几位老师的偶然相遇，使他树立起"读书救国""科学救国"的信念，也实实在在改变了他的人生道路；关东大地震则使他从追求掌握工程新知而转向了纯粹数学。[1] 而在所有种种"偶然"之中，与陈建功的相遇，对苏步青的影响最为深远。

1926年的冬天，在日本仙台的东北帝国大学，两个浙江来的留学生见了面。一位是苏步青，另一位则是苏步青崇敬已久的榜样——绍兴人陈建功。[2] 陈建功先后从东京高等工业学校和东北帝国大学学成归国、短暂任教之后，第三次东渡日本，攻读博士学位。他选择专攻当时热门的三角级数论，他的导师藤原松三郎教授，恰好也是苏步青参加的讨论班的主持人。

三年之后，陈建功如愿取得了博士学位。这时的他放弃了其他学校的高

---

[1] 蘇步青：「仙台留学時代の思い出」，『数学セミナー』，1981（6），第34—36页。
[2] 苏步青：《我所熟知的陈建功》，载《数与诗的交融》，第191页。

薪聘请,做出了一个坚决而惊人的决定:回到家乡,回到浙江,去浙大教书。离开学校前,陈建功对苏步青说:"我们花上20年的时间,把浙大数学系办成世界一流的数学系,为国家培养更多的人才。"这一席话,无视名望声誉,无关个人私利,吐露的是筚路蓝缕的创业豪情,成为此后日夜鞭策和激励苏步青追求进步的驱动力。从此以后,陈建功和苏步青的名字,如数学界的"双星"一般被紧紧联系在一起。这一句跨越20年的约定,让他们的羁绊放射出别样的光芒。1931年的春天,顺利取得博士学位的苏步青踏上了归国的航船,与陈建功在浙江大学再度聚首。这也标志着,从"微分几何学小组"到"陈苏学派",中国数学的浙大篇章开启了。

梦里的江南,再一次呈现在苏步青的眼前时,他29岁,风华正茂。"渡口云烟海鸟飞,江边春色认依稀"(《感怀寄友》),当他乘坐的"上海丸"轮船开进吴淞口时,这位年轻的理学博士不由得感慨万分。又见到了熟悉的长江水,熟悉的柳绿花红,早春的江南草长莺飞。在前往杭州的途中,他再也无法压抑自己的诗兴,不由得吟出一阕《忆江南》:

> 杭州好,驿路到临平。一塔迎人春有影,四围故道梦无声……

1931年3月,带着对故乡的热爱,苏步青独自来到了刚成立不久的浙江大学,并为举家迁回浙江、安家杭城做准备。当时浙大文理学院数学系师生向他致以热烈的欢迎。4月7日下午,文理学院里高朋满座,苏步青踌躇满志地做了演讲。

> 本大学文理学院数学系新聘教授苏步青博士,业于春假中到杭就职,四月七日下午三时,数学系全体同学,特开茶话会欢迎,并请苏教授演讲最近几何学之发展。陈建功、钱宝琮教授亦到会参与,师生同乐,极一时之盛。[1]

---

[1] 原载《国立浙江大学校刊》,1931(49),第571页。

图15　浙江大学文理学院数学系师生欢迎苏步青茶话会合影（前排右三为钱宝琮，右四为苏步青，右五为陈建功）

此时，距离浙大诞生不过四年。1927年，何应钦率领的国民革命军东路军第1军、第26军由浙江衢州向杭州方向发起进攻，于2月18日攻克杭州。5月25日，浙江省务委员会奉国民党中央执行委员会政治会议浙江分会决议，通过设立浙江大学研究院计划案，聘请张人杰、李石曾、蔡元培、马叙伦、邵元冲、蒋梦麟、胡适、陈世璋、邵裴子[1]等九人为筹备委员，此后这些人又负责筹备浙江大学。5月30日，浙江省务委员会决议设浙江大学研究院筹备委员会及筹备处，同时决定将前高等学堂及陆军小学堂旧址作为浙江大学研究院院舍，6月1日又拨罗苑及文澜阁旧址归浙江大学。7月15日，任命蒋梦麟为校长，并于7月25日宣誓就职；校名定为"国立第三中山大学"，后更名为"国立浙江大学"。8月1日，工学院和农学院成立，其中工学院的前身是陈建功曾经任教过的浙江公立甲种工业学校（1920年后为浙江公立工业专门

---

[1] 邵裴子（1884—1968），原名闻泰，又名长光，字裴子，以字行，浙江杭州人。他与浙江大学渊源颇深，既是求是书院学生，又担任过浙江高等学堂的校长。求是书院和浙江高等学堂都是浙江大学的前身。1909年，他获美国斯坦福大学文学学士学位；1913年在北洋政府财政部任职，兼法政大学英文教授及教务长。北伐前夕他返回杭州，1928年11月任国立浙江大学副校长，主持校务。著有《唐人绝句选》，校辑《林和靖先生诗集》4卷，译有培根的《学问之增进》等，是一位中西兼修的文学家。

学校）。文理学院随后成立，数学系由曾留学英国的数学教育家钱宝琮任系主任。从此，在美丽的西子湖畔，求是书院的旧址上，浙江大学开始了它的创业路程。

1931年4月，苏步青加入了浙大。当时的浙大在办学思想上，贯彻蔡元培"民主办学，教授治校"的精神，主张"学者办学，舆论公开"，任人唯贤，创设了一个相对宽松的思想环境。可是，环境的宽松不能弥补初创的浙大设备、资料、经费样样缺乏的窘况。在教学和科研方面，相比于北京大学、武汉大学，不论是设备条件还是工资待遇，新建的浙大都是最差的。即便苏步青在思想上对此有所准备，但现实还是比他在日本所预想的要糟糕：聘书上虽白纸黑字写着每月300大洋，但学校经费无着，他竟然连续4个月没拿到一分钱工资；幸亏当时苏步皋在上海的兵工厂做工程师，接济了他一些钱，才使他得以渡过生活上的难关。这时候摆在他面前的，已不是能否继续深入开展数学研究的问题，而是吃饭、生存的问题了——留学期间，苏步青与仙台当地的大家闺秀松本米子相识相恋，进而成婚。在松本家，他们一家人过着优渥的生活。而在杭州，苏步青自己一个人的生计就已如此捉襟见肘。靠浙大提供的条件，真的能够让这个新家庭过上好日子吗？而做学问，又总希望少一些俗务缠身。生计所迫，苏步青产生了一丝回日本去的念头。

言者无心，听者有意。听说苏步青因为家计无着而起了离意，求贤若渴的邵裴子校长赶紧前来相劝。他当即从自己600块薪金中拿出了200块给苏步青救急；赴南京讨要到经费之后，又先后总共给了苏步青1200块大洋，解决了他的困难。校长的慷慨之举，让苏步青实实在在感受到那句"不能去日本，你是我们的宝贝"的分量有多重。

有了邵校长如此义举，苏步青自此对浙江大学也格外诚心。考虑到数学系初建，条件不好，师资不足，他就和陈建功一起给自己加码。一个学期内，苏步青既要负责二年级的"坐标几何"、三年级的"综合几何"、四年级的"微分几何"，还要忙活课外辅导、改作业、编教材、搞科研。工作全面铺开，他却乐在其中。1931年暑假，苏步青到日本接妻儿回国，向他的日本岳丈一家道别。但即便是在这难得团聚的暑假，他还是一头扎进母校东北帝国大学图书馆里：浙江大学的图书资料实在太少了，得抓紧找有价值的材料抄回国内。再加上后来的几次探亲,前前后后,他竟然抄回20多万字的文献资料。在这些文献的支撑下,新成立的浙江大学数学系才得以更好地开展数学教学和研究。苏步青与陈建功两人合力,学习他们的日本老师,办起了名为"数学研究"的甲、乙两个讨论班:

> "数学研究"甲报告的是论文,由四年级学生及大部分教师参加。学生报告的论文由苏、陈于事前指定,报告者要先译成中文,油印分发。报告前几天就贴出布告,注明报告人及题目,并且注明是第几次。[1]

"数学研究"乙班则又分作两个班,分别是苏步青主持的"微分几何"和陈建功主持的"函数论"。作为高年级学生的必修课,同样规定参加者——无论是学生还是老师——都要定期报告自己的研究成果,交流阅读最新数学文献的体会,并平等地互相质询、答辩。在此,学生们阅读文献的能力得到了培养和提升,在相互的质询中学生们也逐渐形成了推敲到底的严谨学风,养成了独立思考的习惯。教师们则在讨论班上教学相长,讨论也便于他们根据每个学生的具体情况进行有针对性的指导。这样,讨论班就将教师和高年级学生都带到了世界数学发展的前沿阵地。因为他们的辛勤耕耘,1933年,苏步青和陈建功一同被聘为教授。[2]

苏步青在数学系日常工作中展现出的行政管理能力,让陈建功感到他比自己更适合担任系主任这一职位。因而在1932年的秋天,在他的力荐之下,刚满30岁的苏步青就当上了浙大数学系主任,陈建功则退居"二线",甘当"幕后军师"。当上系主任后,苏步青也开始留意聘请有抱负、有才干的教师,曾炯就是其中之一。[3] 1935年8月,经陈建功推荐,他获聘浙江大学数

---

[1] 白正国:《难忘的往事——记苏步青老师在浙江大学的二三事》,载《文章道德仰高风》,第108页。

[2] 竺可桢日记,1948年9月10日。见竺可桢:《竺可桢全集》,上海科技教育出版社,2005—2010年,第11卷,第203—204页。陈建功与苏步青均于民国廿二年被(郭)任远聘为教授。

[3] 曾炯(1902—1940),字炯之,谱名祥江,江西南昌人,数学家。早年受教于陈建功,1934年博士毕业于德国哥廷根大学。他是中国最早从事抽象代数研究的学者,由于英年早逝,一生只发表了三篇学术论文,但其中之一十分重要,被称为"曾定理"。

学系副教授,讲授抽象代数等课程。曾炯的专攻方向是代数学,但他在几何学方面也有所成就,苏步青对他十分器重。据说曾炯在德国留学期间,听Blaschke称赞苏步青为"东方第一个几何学家",这一美誉让苏步青受用终身。

在他们以身作则与严格要求下,浙江大学数学系异军突起,到抗日战争爆发前,已成为国内知名的数学系,以至于在全国中学生间流传着"学数学,去浙大"的说法。竺可桢接任浙大校长时,就已得知:"浙大数学系允称国内第一,如陈建功之于分析,苏步青之于几何,朱叔麟之于代数,均极能称职。"[1]

1933年,苏步青指导的第一位学生方德植毕业并留校任教。仅过了一年多的时间,他就发表了一篇重量级的论文《定挠曲线的一个特征》,对法国著名数学家达尔布的一个公式做了重要改进,这是能够写进教科书的重要成果。此后,他逐渐发展建立起一个微分几何学研究小组,主要成员有熊全治(1932年入校)、白正国(1936年入校)和张素诚(1935年入校)等。其中毕业最早的熊全治,在就读于浙江大学的1932到1936年期间,以本科生的身份一共发表了12篇关于射影曲线的论文,得到美国数学家、密歇根州立大学教授格罗夫(V. G. Grove)的赏识。此后,苏步青为他积极联系争取,最终,熊全治得以赴美国深造。

眼见自己的学生纷纷取得成绩,走上世界数学的舞台,苏步青也逐渐对中国数学的整体发展有了自己的思考。在1934年一则题为《谈谈数学》的演讲中,苏步青说,世界上研究数学的人约有四千,"中国的情形如何呢?站在前线上的,可以说只有六七个人。中国的人口占世界的四分之一,应该有一千个研究数学的人。——我们只有怪自己不长进。我们只希望将来的人努力,一雪这奇耻大辱"。"我们要跑到前面去,虽然不一定成功,但是我们要有这种意识,进一步可以专攻数学,退一步也可学其他学问。"[2]

"我们要跑到前面去!"抱着这样的想法,苏步青利用各方资源,想让更

---

[1] 竺可桢日记,1936年4月8日。见竺可桢:《竺可桢全集》,第6卷,第52页。
[2] 苏步青、冯宝璆记录:《谈谈数学》,载《浙江省立杭州高级中学校刊》,1934(103),第623—624页。

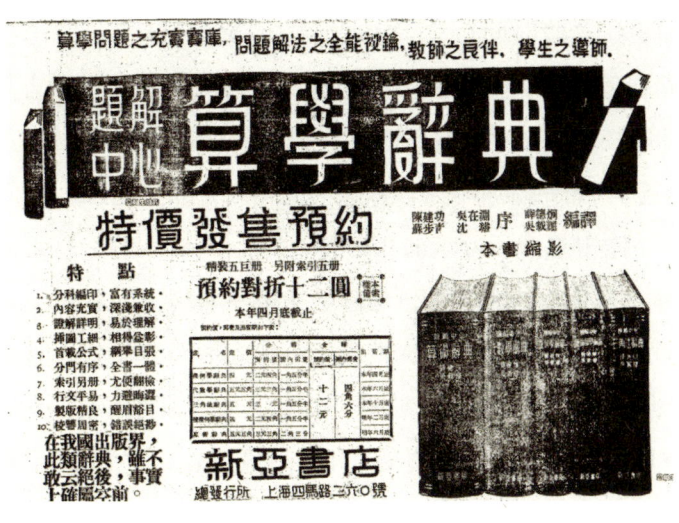

图16 《申报》1935年3月19日载陈建功、苏步青等作序的《算学辞典》广告

多中国数学家的工作能够公之于世。1935年成立的中国数学会则为他的抱负提供了一展身手的舞台。由学会创办的《中国数学学报》（*Journal of the Chinese Mathematical Society*），[1]是中国最早用于刊载学术研究成果，增进数学家交流的专业学术期刊。它的办刊宗旨十分明确："非创作不登，备与各国著名杂志相交换，为中国数学界在国际谋地位。"[2] 苏步青揽下了第一任总编辑的职务，华罗庚则出任助理编辑。在学报编辑委员会编委中，还有光华大学的朱公谨、清华大学的熊庆来、北京大学的江泽涵、中山大学的刘俊贤、中央大学的孙光远、武汉大学的曾昭安，可谓众星云集。[3] 对此，著名数学家、中科院院士王元评论说："《学报》的出版可以看作是中国的数学走向独立与成熟的一块里程碑。"[4]

从1931年回国到1937年止，苏步青所拥有的研究条件虽不如在日本时那样完备，但是在熟悉的家乡，苏步青与同好、学生共同切磋，学术精

---

[1] 1951年复刊的新系列（*New Series*）将中文名更名为《数学学报》，1952年起采用拉丁文刊名 *Acta Mathematica Sinica*。参见吴兆荣：《百尺竿头 更进一步——〈数学学报〉创刊70周年》，载《中国科技期刊研究》，2017（4），第637—641页。
[2] 《中国数学会成立大会记录》，载《数学杂志》，1936（2），第139页。
[3] 任南衡、张友余：《中国数学会史料》，江苏教育出版社，1995年，第89—90页。
[4] 参见华宣积：《苏步青在1936》，载《浙大校友》，2017（3），第57—59页。

进、生活和美，这段时间也称得上是他的"黄金时代"。在这六年中，他接连发表了28篇论文，其中有不少仍然发表在《东北数学杂志》上，即便是1935年林鹤一教授去世也不曾间断。不过，林鹤一教授的去世或许成了苏步青反思自己学术根基的第一个契机。自这一年开始，这样一个问题一直让他牵挂于心：洼田忠彦所继承的Blaschke学派，"所用的一直是传统的微分形式（differential form）的方法，几何意义很不明显。能否用一个纯粹几何的方法来建立整个的理论，在方法上另辟蹊径呢？"[1] 不过，这距离他最终找到答案，从一般为研究者所排除的"奇点"处寻找到解决问题的关键，还需要一段时日。对此，陈省身教授的评论是恳切的："（20世纪）30年代能发表数学论文的中国人还寥若晨星，而苏教授却以自己的丰硕成果闻名于世。"

战火中的数学课

当苏步青和他的同辈学人，想以自己勤勉的步伐推动中国成为强盛的数学大国的时候，时局却不允许他们的这个愿望尽速实现：烽火狼烟的岁月拉开了帷幕。自卢沟桥事变后，抗日战争全面爆发。作为空军基地的杭州，很快被推到了战线的前方。1937年8月14日，狂风夹带着暴雨，一场台风刚刚从华东沿海过境，而位于杭州江干区的笕桥机场上，一支突击队仍驾机奋击阴云笼罩的天空。早晨7时许，这支航校飞行教官组成的中国空军暂编大队35中队向着上海直飞而去，执行13日下午发布的"中国空军对日作战第一号令"，参加到淞沪会战中。他们在抵达上海上空之后，悄无声息地突袭了设在日商公大纱厂内的日军军械库，击伤、击落敌机4架次。这马上遭到了日军的大规模空袭报复。下午，宁静的杭城被敌机的呼啸声、炸弹的轰鸣声笼罩，苏步青再一次目睹了人间炼狱般惨烈景象。与关东大地震不同的是，这一次是人祸；这一次悲剧发生在祖国的土地上，而造成这一切的则是对他犹如第二故乡的日本。

---

[1] 苏步青、李大潜：《苏步青教授谈治学》，载《文章道德仰高风》，第147页。

图 17　苏步青（右二）与陈建功（左二）、熊全治（右一）等在宜山合影（摄于1938年）

偏偏就在这个节骨眼上，一方面，1937 年 10 月，松本夫人从仙台发来电报，告知了松本先生病危的消息，要松本米子速回；日本东北帝国大学也"不失时机"地来电，再度聘请苏步青去教书。另一方面，浙大遭遇的生死威胁如影随形，而且越发迫近。淞沪会战结束后，上海陷落，杭州也岌岌可危。据统计，在 1937 年 9 月 20 日至 10 月 30 日期间，杭州的浙大本部因警报频响而不能上课的时间多达 16%。但警报一解除，上课就照常继续。危险没有让浙大的学生动摇求学的决心，更没有撼动苏步青的抉择，他坚定地留在祖国，选择与同胞们在一起。

在杭州沦陷之后，抗敌前线节节败退，浙大不得不辗转于建德、吉安、宜山等地。国民政府从南京后撤到重庆之时，中央大学等高校随迁，浙大则被视如弃子。危难之际，有的教授不辞而别，有的借故返乡，但苏步青、陈建功等人对竺可桢校长不离不弃。他们一同协力，一步步向西迁徙。1939 年 2 月 15 日，日寇敌机再犯广西境内，18 架敌机轰炸当时位于宜山的临时校舍，接连丢下了 108 枚炸弹。"可是我们全校师生无一伤亡，图书、仪器、设

备也无一炸毁,真是天佑我师生也。"[1]

迁校前后历经4年。直到1941年,浙大落脚贵州湄潭,才终于有了一个相对稳定的处所。稍安顿之后,苏步青马上就恢复了他的生活习惯——每天早起种菜,白天工作,晚上就在桐油灯下备课、写论文,直到半夜才就寝。浙大将数学系设在湄潭县的姜公祠内,这样的安排有教学上的考虑:在庙宇和山洞内上课,可以利用这里类似防空洞的条件,即便有敌机警报,仍可正常学习。据当时留校任研究助理的熊全治回忆,遭遇敌机轰炸时,在防空洞中,仍看见苏步青继续写作。[2]他不断增删修改,想尽办法将世界最新的数学成果带到课堂上。上课用的讲稿,他越讲越厚、越讲越新,自1931年任教以来写满了好几本笔记本;每一节课前,都要花上3个课时准备,用新材料、新方法替代旧的,还会把自己新的研究成果写进去。他对教案所作的改进包括引入意大利数学家勒维-契维塔于1917年发明的平行移动的概念,这对当时的微分几何教学来说还颇为新颖。[3]这样,虽然还是同一门课,每年的内容却都有更新、补充,难怪来听他上课的学生总是意犹未尽、听了又听。

在将重要的新成果纳入教学内容以外,苏步青也注意采用恰当的教学方法,力求做到深入浅出。经过他不断的打磨,艰深的微分几何学变得好懂了起来,他的课也因此受到学生们的欢迎。后来成为浙江大学数学系教授的白正国记得:

> 苏先生讲课的时候,不发讲义,学生自己记笔记,他虽然带有笔记,但在课堂上基本不看,一面讲,一面在黑板上写,我们不但可以把笔记记得很清楚,又能全部听懂他讲的内容,听他的课可以

---

[1] 苏步青:《神奇的符号》,江苏人民出版社,2008,第56页。
[2] 熊全治:《敬贺步青吾师期颐大寿》,载《文章道德仰高风》,第98页。
[3] 众所周知,非欧几何是从取消"平行公理"起步的,而勒维-契维塔的这篇论文《关于黎曼几何学里的平行性概念》(*Nozione di parallelismo in una varietà qualunque conseguente specificazione geometrica della curvature Rieman-niana*),又重新为非欧几何引入了一种新的平行的概念。他说明了黎曼空间中平行向量的意义,从而使之不再仅仅是一种分析性的表示方法,而具有几何上的意味。这是继相对论之后张量分析中的第一个革新,并使黎曼空间具有明显的几何意义而易于理解。1923年,勒维-契维塔又完成著作《绝对微分学》(*The Absolute Differential Calculus*),补充完善了平行性理论和相对论的相关内容。

说是一种享受。[1]

有了老师的带动，学生们也更加勤奋学习。在杭州开始、已开展了数百次的讨论班，也在这样特殊的环境中得到延续。白正国在校期间就发表了7篇关于射影曲面的论文，还解决了前面提及的"富比尼问题"。这项工作甚至得到了富比尼本人的赞许，他致信苏步青说，"你的这位学生的工作，very good！"[2] 在他的要求下，杂志社专门安排了版面，提前发表了白正国的论文。[3] 1941年，陈建功与苏步青一起在湄潭成立了浙江大学数学研究院，开始招收研究生，下设解析组和分析组。[4] 继熊全治、白正国之后，他们还培养出了张素诚、杨忠道、秦元勋等多位数学家，能撰写论文、从事学术的学生日渐增多。浙江大学数学系的学生们所取得的成绩，反映出苏步青和陈建功一道，致力培养的教学、科研团队已形态初具。

在山洞中，苏步青可以诗意地对学生说："以后这里就是我们的数学研究室。山洞虽小，但数学的天地是广阔的。"但研究者的眼界不能只如山洞这样大，要走出山洞、山庄，放眼于世界数学的前沿进展。然而山路闭塞，经费不足，怎么办？苏步青想尽办法，寻求国际数学界的最新动态。他用自己当"庚款"考试官得来的外汇买学术期刊，其中有20多套是全齐的，新的期刊达100多种。1942年，李约瑟到浙大收集材料，在这名不见经传的山沟里找到了数学史的冷门书籍，喜出望外。1944年10月至11月，李约瑟再度来到遵义和湄潭，以英国驻华科学考察团成员的身份参加"中国科学社"成立30周年科学讨论会，参观了浙大数学系和理学院。在艰难的经济条件下，印刷和

---

[1] 白正国：《难忘的往事——记苏步青老师在浙江大学的二三事》，载《文章道德仰高风》，第108页。白正国（1916—2015），浙江平阳人。1940年毕业于浙江大学数学系。曾在浙江大学、浙江师范学院、杭州大学等高校任职。在射影微分几何、大范围微分几何、黎曼几何等方面有所建树。解决了富比尼提出的射影曲面存在的问题，有《关于一族渐近曲线是射影等价的曲面》等论文。

[2] 李大潜、华宣积：《苏步青与中国微分几何学派》，载《高等数学研究》，2013（2），第1—6页。

[3] 沈一兵：《白正国》，载《中国现代数学家传：第四卷》，江苏教育出版社，2000，第274—284页。

[4] 1934—1935年，国民政府相继公布了《大学研究院暂行组织规程》和《学位授予法》及相关细则，为我国研究生（硕士）教育奠定了法律基础。自1938年起，教育部特别拨出经费，鼓励人才和设备较好的国立大学适量增设研究所。根据整理，1936年我国有研究所22个、学部数35个；到1941年，分别增长为36个和64个。参见陈元：《民国时期大学研究院所研究生教育特征及其成因与启示》，载《江苏高教》，2013（5），第98—100页。

纸张采购都极其困难，但校内的学术刊物比战前还多；每逢著名科学家诞辰或有意义的节日，即有学术报告会。李约瑟惊叹："你们这里是东方的剑桥，值得看的东西太多了！"在此后发表在《自然》杂志上的报告中，李约瑟写道："在重庆和贵阳之间有座名为遵义的小镇，这里坐落着浙江大学，它是中国最好的四所大学之一。""在湄潭可以看到科学研究活动一派繁忙紧张的情景……这儿还有一个专门的数学研究所，几何学家苏步青任主任。"[1] 抗战时期曾在浙江大学工作过的生物学家罗宗洛，也在自己的回忆材料中这样感叹："其时工作虽紧张，但心情愉快，研究成果也较多。""其他如数学、物理、化学等系，也均设有研究所，人才辈出，以致在国际上获得较高的美誉。"[2]

而作为《中国数学会学报》总编辑，全面抗战爆发后，苏步青克服重重阻碍，在浙大西迁过程中与昆明西南联大的同道合作，编辑出版了《中国数学会学报》第2卷第2期。当时，学术交流全靠书信往来。苏步青不厌冗杂，在编委会中统筹协调，这一期刊物得来尤为不易。1940年春，这期迟到两年的刊物由中国数学会付印，在上海出版。其刊登内容、封面格式都与以前一致，但发表的论文篇数大为增加，共17篇，是之前3期的总和。在这之后，《中国数学会学报》便被迫中断出版了。然而，苏步青并没有放弃他的工作。他将原先收集的稿件根据情况寄往国外，使它们得以陆续在一些一流的数学杂志上相继发表。[3] 在极其艰苦的条件下，苏步青身为总编辑，尽力保存《中国数学会学报》这一好不容易才诞生的期刊，让更多中国数学家的成果走向世界。这同数十年后他所创办的《数学年刊》形成了一种对照与呼应，它们展现出苏步青为宣传、推动中国数学不遗余力的志愿。

战火年代，人心惶惶。浙大数学系的学生能安心从事学术研究，也离不开苏步青和陈建功二人对学生日常生活的关心。预备迁校时，苏步青曾发过"炸弹临头亦须上课"的豪言，这自然是出于他对学术的高度热忱。此后不久，他又急于带学生先行转移，背后实则是与陈建功二人"胆小"，生怕学生

---

[1] Joseph, Needham. Science in Kweichow and Kuangsi. Nature, 1945 (156): 496.
[2] 罗宗洛：《回忆录（续）》，载《植物生理学通讯》，1999（2），第83—88页。
[3] 亢小玉：《中国数学会的创建及其数学期刊》，载《河北农业大学学报（农林教育版）》，2005（12），第44—47页。

有所闪失，想让他们早点离开战火绵延的是非之地。这样的师生情谊，使得逃难途中的数学系师生仍能苦中作乐。每年岁末，数学系的全体师生都要举行一次酒会，费用由苏步青和陈建功共同承担，这在当时成为一项传统。即使在学校迁往建德、宜山的途中，数学系的酒会还是如期举办了。平时严肃的老师们和学生打成一片，甚至流传出"数学系学生，不喝酒不准毕业"的笑谈。此后物资紧缺、物价飞涨，酒会虽成往事，"不喝酒不准毕业"的传说却依旧为人乐道。

追踪数学的前沿

在中国人民顽强抗击日本侵略者的同时，世界数学的进程也因第二次世界大战的战火而备受摧残。美国却成为例外。1933年，纳粹德国的排犹政策迫使一大批杰出的数学家纷纷移居美国。普林斯顿高等研究所和纽约大学的应用数学研究所在纯粹数学和应用数学领域成为世界瞩目的重量级机构；同时，普林斯顿取代哥廷根成为世界级的数学重镇。在相对和平的环境中，拓扑学家建立起了和微分几何、抽象代数、泛函分析、偏微分方程等其他分支学科的密切联系，改变了拓扑学过去的孤立状态，也为这些学科拓宽了思路。20世纪二三十年代数学界的一系列基础研究，也由于战争的需要转化为许多应用项目，例如最早的电子计算机和运筹学研究就在英、美等国数学家的努力下展开。

因此，自抗战以来，苏步青就开始有意识地加强和美国数学界的联系，他的工作重心也随之转移到一般空间微分几何和射影微分几何上。美国数学家道格拉斯（Jesse Douglas，1897—1965）就是在这一时期成名的，他是1936年首届菲尔兹奖（Fields Medal）的两位得主之一，在变分法领域取得了突出的成就。他在1931年发表了一篇重要论文《N维空间中的K维流形系统》（Systems of K-dimensional manifolds in an N-dimensional space），[1] 在黎曼几何的研究取得巨大成功的基础上，为一般空间微分几何学奠定了基础。由于

---

[1] Jesse Douglas. Systems of K-dimensional manifolds in an N-dimensional space. Mathematische Annalen 1931, 105(1): 707–733.

黎曼几何在相对论中的重要应用，一般空间微分几何学作为该学科的推广领域，意义更为重大。在战火中，苏步青借助微缩胶片了解到这一成果，敏锐察觉到其中的深意。他不甘人后，立即全力以赴地投入广义空间的探讨，为后来"K展空间"的相关研究铺平了道路。为了解一般空间微分几何学方面的相关进展，苏步青还以教学推动研究，先后翻译、开设了嘉当有关黎曼几何及李群的著作，通过自己讲课、学生讨论，掌握了嘉当提出的"外形式法"，系统了解了关于一般空间微分几何的著作，使他"掌握了在这方面开展深入研究工作的基础，而且也看清了进一步研究的方向"。[1]

在平面上，经过不同的两点只有一条直线，而且这两点之间截出的直线段长度最短，这是小学生也能明白的道理。推广到普通空间曲面上，例如一个球面，过不同的两点也只有一条最短的曲线段。普林斯顿学派的研究把这个结论进一步拓展到了 N 维的黎曼空间和仿射联络空间中，称这样的最短"线段"为"道路"，并开创了"道路几何学"，就好像在高维空间之中寻找到一条捷径一般。1928年，道格拉斯再把由这些"道路"构成的空间推广到一般道路空间。三维空间中，人们可以找到一些过两点的曲线；而在 N 维空间中，人们可以找出一些 K 维的"表面"，术语称之为流形。让这些流形分别通过不重合的 $K+1$ 个点，这些流形就被称为"K 展"。[2] 1945年，苏步青发表了就 5 维空间中曲线所得出的结论（General projective theory of curves of five dimensions）。抗战胜利后到新中国成立前，苏步青又将这些成果陆续整理出来。正是在这些前期工作的基础上，他才得以在1950年以后继续发展"K展空间"的理论，并最终赢取中华人民共和国成立后的第一届自然科学奖。[3]

射影几何是比前面所说的仿射更宽泛的一个几何研究范畴。在这种几何中，直线的概念尚能保持，但平行性已荡然无存了。犹如路灯下两根直立棒的投影，即便二者平行竖立，影子也有可能交叉。早在18至19世纪，射影几何就已经吸引了数学家们的注意，但由于它能保持的性质十分有限，研究十分困难，将它放置在微分几何中，研究就更是雪上加霜。即使是曲线论，虽

---

[1] 苏步青、李大潜：《苏步青教授谈治学》，载《文章道德仰高风》，第148页。
[2] 苏步青：《一般空间的微分几何学》，科学出版社，1958，第61页。
[3] "苏步青"词条，载《中国科学技术专家传略·理学编数学卷一》，河北教育出版社，1966，第134—145页。

经著名几何学家邦皮亚尼（Bompiani）、蟹谷乘养等多年研究，发现即便在三维情况下，结果也并不理想，更不用说高维情况了。而苏步青别出心裁，发现平面曲线在其奇点的一些协变的性质，运用几何结构，以非常清楚的方法，定出了曲线在正常点的相应的射影标架（随曲线而变动的基本多面体），相当于为影子里的世界找到了不变的标尺。这样，他就为射影曲线的数学理论奠定了进一步发展和应用的基础。对于这项成就，苏步青的学生谷超豪院士评价说称得上是"完美"。最终，苏步青写成了《射影曲线概论》一书。1942年，这部书稿获得民国教育部的第二届"国家学术奖励金"自然科学类一等奖，[1] 但未能出版。中华人民共和国成立后，这部著作分别在1954和1958年出版了中、英文版，有学者在《射影曲线概论》的引言中评论说："现在射影几何被应用于数学物理和广义相对论中的各种问题，这本书也就显得更加重要。"苏步青对自己这一阶段在射影几何方面取得的成就颇为自豪："我连续花了好几年的时间，借助于平面曲线可表奇点的几何结构，建立了与前人完全不同的构造性的方法，将整个理论一下子清楚地展现出来，真正别开了生面。"[2] 陈省身也认为这一点"特别值得一提"。[3]

在战争岁月中仍不断追踪数学前沿的发展，为苏步青此后的学术成就做好了铺垫。实际上，从抗战结束后到1952年这段时间里，苏步青在学术上的主要工作仍是有关射影曲面论的。他对周期为4的拉普拉斯（Laplace）序列作了深入而富有成效的工作，这种序列被称为"苏链"。[4] 陈省身指出，苏步青的这项成果体现了几何学与物理学的统一，"的确是一个非常了不起的成果"[5]。数学被誉为"大自然的语言"，经过它的描述，一些物理现象变得清晰明白；借助它的演绎，则为揭示和解读自然提供了可能的路径。苏步青的这项成果就属于描述和演绎相结合的范例，通过有物理意义的数学方式，自然之所是与其所以然在几何的领域相融相合。尽管苏步青并不是第一个从事

---

[1] 《中国数学会史料》，第76—77页。陈建功在1943年同样获得这一奖项的一等奖。此后，苏步青的几位学生也获得过这一奖项的三等奖。

[2] 苏步青、李大潜：《苏步青教授谈治学》，第147页。

[3] 陈省身：《〈微分几何讲义〉前言》，周仲良译，载《苏步青文集》，第14—15页。

[4] 例如，Gerrit Bol 就使用这一名称。可以参考他的 Projektive Differentialgeometrie. 3. Vandenhoeck & Ruprecht, 1967。

[5] 陈省身：《〈苏步青数学论文选集〉献辞》，周仲良译，载《苏步青文集》，第12—13页。

射影几何研究的中国人，但他仍然在射影微分几何方面做出了卓有成效的研究成果。

此外，苏步青的第一本学术专著《微分几何学》也是在抗日战争胜利到杭州解放这段时间里诞生的。这本书由他多年讲义的精华集结而成。编书过程中，苏步青与他的同乡、浙大1946届毕业生杨忠道密切合作，苏步青编辑修改讲义，杨忠道校对和绘图。1947年，时任中研院数学研究所代理所长的陈省身教授看过讲义稿，称赞它是"一本少有的微分几何学教材，它对培养数学人才将发挥很大的作用"。[1] 此书反映了当时微分几何的最新成就，而且尤其适合教学使用。1948年5月由南京的正中书局出版，之后多次再版。由于正中书局后来迁往台湾，带去了印版，此书在台湾乃至海外高校的数学系也广泛流传，成为一些华裔数学家的入门教材。通过与前人的成果相联系，如同将孤立的亮点连成星宿，苏步青发现了其中引人入胜的图景。在当时数学工具有限的情况下，这颇需一番大胆的想象和辛勤的计算，更体现了他将知识点串联成体系的高位视角。

一个学派的诞生

成为数学家不易，培养数学家更难。可以说，正是在苏步青与陈建功共同的不倦的努力下，才有了浙江大学数学系这块学科高地。从1931年到1949年，苏步青和他的学生在美国、日本、英国、法国、德国、意大利、比利时等多国的著名杂志上共发表了100多篇论文，其中苏步青自己就发表了射影曲线论文26篇，射影曲面论文30篇。[2] 浙江大学数学系自1932年起至1952年为止毕业的100多人，大多得到了良好的学术训练。其中25人后来担任过高等院校数学系正、副主任或有关研究单位的主要负责人，有5人被选为中国科学院院士。[3] 当时浙大数学系有徐瑞云、白正国等教授，毕业后留学深造的卢庆骏、张素诚、曹锡华等，也相继归国，回到浙大数学系任教，又有

---

[1] 苏步青：《神奇的符号》，江苏人民出版社，2008，第76页。
[2] 张素诚等：《苏步青教授对我国数学事业的贡献》，《数学年刊：A辑》，2002年，第1—6页。
[3] 张素诚等：《苏步青教授对我国数学事业的贡献》，《数学年刊：A辑》，2002年，第1—6页。

谷超豪、张鸣镛等学生开始崭露头角，呈现出前所未有之盛况。为使这些学生有更好的发展，苏步青几次三番向竺校长请示，为他们争取待遇，为数学系谋求更多人手。[1]这其中涌现出了两位值得一提的学生，那便是谷超豪与胡和生。

1943年，出于对苏步青的仰慕，时年17岁的谷超豪报考了浙江大学数学系，但因战乱影响，他被困家乡，未能来到湄潭。1946年浙大回迁杭州，谷超豪入校报到，但直到1947年下半年他才得以接受苏步青的直接指导。这一契机就发生在谷超豪要开始参加研讨班时。实际上，苏步青对数学系的每一名学生都默默关注着，也很早发现了谷超豪在数学方面的天赋，意欲加以重点培养。在苏步青和陈建功的共同支持下，谷超豪获准同时参加微分几何和函数论两个讨论班，这是"史无前例"的。成为数学家之后的谷超豪，仍然记得一道特殊的"考题"：

> 我为要读什么书和论文去找苏先生，苏先生指定的书并不难读，是Eisenhart的微分几何引论，这是一本新版的教科书，是用张量记号处理初等微分几何的，写得非常清楚，有条理，一切从头讲起，我花了不大力气就读下去了。论文的情况却大不相同，他给我布置了J. Douglas（Fields奖的得主）的一篇文章，内容是有关变分反问题的，即给定了偏微分方程，看它是否是一个变分问题的Euler Lagrange方程。[2]

这篇论文题为"Solution of the Inverse Problem of the Calculus of Variations"，篇幅长达58页。论文由两个部分组成，第一部分是关于偏微分方程系统的一般理论，第二部分是把这个理论应用于变分反问题。凭借一股初生牛犊不怕虎的毅力，谷超豪花了整整一个暑假，把可用的时间都投入其中，才基本弄清了这篇文章的脉络，理解了它的结论和方法。苏步青形容，要让当时的谷超豪看懂这篇文章，就好像在看"一幅没有文字说明的地图"，"不花

---

[1] 参见竺可桢日记，1944年8月9日。见竺可桢：《竺可桢全集》，第9卷，第162页。
[2] 谷超豪：《苏步青老师引导我做研究》，载《文章道德仰高风》，第123页。

心血和汗水,是不会知道路在地图的哪一头的"。[1]其用意在于考验谷超豪的毅力,"看看他在科学的道路上究竟甘愿付出几分辛劳"。

"只给地图,不给路径",是苏步青常用的训练方法。这样一种从难从严,但又不失引导的方式,使学生能尽快掌握论文中新颖的数学成果,同时还使人树立信心,不为艰深的论文所难倒。苏步青想方设法为这个数学尖子创造条件,让他能将有限的时间运用得更加得当。在他的安排下,谷超豪开始管理数学系图书室,这使他"有机会在里面东翻西看,可以充分利用这里丰富的藏书",谷超豪对此充满感激之情。[2]在这对师生的协同努力下,"K展空间"的研究得以向前推进,并在20世纪50年代大放异彩。

年届半百的苏步青已经过了G. H. 哈代所谓的"数学家失去创造力"的年龄。此时,他工作的重点显然也更多地转移到学校事务和对学生的培养上来。在学生中,1950年进入浙大的胡和生是又一名佼佼者。现已成为中国数学界第一位女院士的她,当时同时接到北大和浙大的研究生录取通知,还获聘同济大学的助教。最后,她选择了浙大:

> 我一向对几何的兴趣比较浓厚,报考前听黄正中老师说起过,浙江大学苏步青教授在几何学研究方面很有成就,这给我留下深刻印象。当时一般人认为,同济大学的助教职位也是相当不错的,能得到这样的工作是很幸运的,但是我想自己年纪还轻,应该增进知识,去浙大当研究生应是最好的选择。[3]

在读书报告中,胡和生优异的表现给苏步青留下了深刻的印象,使他决定同样以高标准来重点培养这位学生。和培养谷超豪一样,读完基础书之后的第二个步骤就是阅读论文。这些论文都是当时发表在国际数学杂志上的最新研究成果,有英文的、德文的和俄文的,有的是近百页的长文章。在这样的重压下,胡和生借助字典,仔细阅读和推导,终日演算和思索,常常废寝

---

[1] 苏步青:《神奇的符号》,江苏人民出版社,2008,第89页。
[2] 谷超豪:《苏步青老师引导我做研究》,载《文章道德仰高风》,第124页。
[3] 胡和生:《严师的风范》,载《文章道德仰高风》,第127页。

图18 青年时代的谷超豪和胡和生（二人1957年元旦结婚，后来又相继当选院士，传为数学界的一段佳话）

忘食。为使胡和生对非欧几何有扎实的了解，苏步青要求胡和生仔细阅读《黎曼空间曲面论》这部论文集，同样每星期报告一次。有一回胡和生熬夜实在支撑不住，伏案睡着了，到上午8时讨论班开始时还未醒。苏步青一向严格守时，匆忙地到宿舍敲门，把胡和生惊醒。但见到一书桌的论文、辞典和讲稿时，也就原谅了她。

截至1952年，从青年到半百，陈建功和苏步青在日本所设想的中国现代数学研究重镇，终于通过他们的努力而在浙江大学粗具规模。由他们二人领导的这个以浙江大学为中心的中国数学家群体被统称为"陈苏学派"。这其中，以苏步青为旗手的"微分几何学小组"，其成员熊全治、白正国、吴祖基和张素诚，后来也都成了学界翘楚。苏步青曾说："我与浙江大学的感情，用一个不恰当的比喻：就像青年人初恋的真情，发展为生死相依的战友情，且老而弥笃弥坚。"从1921年听闻陈建功的大名，到来到浙大的1931年，再到离开浙大的1952年——与陈建功那项约定中所说的20年，恰好是苏步青实际在浙大的年数。他们燃烧了青春，完成了心愿，还馈赠给浙大一份丰厚的精神遗产。很快，这份宝贵的精神财富，又将随着他一起来到约200千米外的复旦大学。

从教授到教务长

经历了抗战时的颠沛流离和民不聊生,苏步青在艰难险阻的袭扰中勉力维持着学术的纯粹和学校的独立。而他在浙大积累的教学和治校经验,还将为另一所大学带来蓬勃生机。

奔赴台湾大学

"千樯万橹逐扶桑，飞箭金弹下若狂。怪道平明波浪静，天骄夜递乞降章。"[1] 终于，1945年9月2日，日本政府在停泊于东京湾的美国"密苏里号"军舰上，向盟国递交了投降书。国民政府的各项"接收"工作随即展开。这一年正巧遇上苏步青休学术假，可以免于上课，但他还是留在学校继续做研究、带研讨班。

日本侵占我国台湾之后不久，在台北成立了"台北帝国大学"。收复台湾之后，"接收"工作也提上了议事日程。时任中研院院长和教育部部长的朱家骅决定，派中研院植物研究所所长罗宗洛到台湾完成接收工作。[2] 考虑到日军撤离时很可能会破坏学校，朱家骅向罗宗洛交代："（1）要完整接收，避免损失；（2）接收后即筹备复课，暂可留日籍教师教授功课，以后找到合适的人再替换；（3）暂时一仍旧贯，求得稳定，以后逐步按我国的大学规章改正。"并嘱托罗宗洛"可约人辅助，人数以10人为限"。与此同时，时任国民

---

[1] 苏步青：《凯歌（二首）》。
[2] 罗宗洛：《回忆录》，连载于《植物生理学通讯》，1998—2000年，另见1999年4月号《接受台湾大学日记》，下文中细节据该回忆录整理而得。

党政府台湾省行政长官兼台湾省警备总司令部总司令的陈仪也建议说:"从日本人手中接管大学,最好派几位留学日本的教授去。"罗宗洛和几位同事商量,又与自己在浙江大学的同事们联系,随即决定请浙江大学的苏步青、陈建功、蔡邦华与中央大学的陆志鸿、马廷英一同前往。[1]朱家骅立即批准,并让罗宗洛就和陆志鸿、马廷英先行赴台。一个月之后,苏步青和陈建功、蔡邦华也离开湄潭启程。临行前,陈建功一直对同事们说:"我们是临时去的。"苏步青也写下一首小诗,表明自己的心志:

湄江之水如细烟,东流到海知何年。
我行却自湄江曲,破帽青衫更碌碌。
客中惜与故人违,驻马衔杯各有词。
共问远行一万里,自怜此去真附骥。
龙媒稳蹴东南空,盛德高风怀郑公。
君不见昆仑紫气无穷已,欲效区区从此始。

从湄潭去往台北的一路上备历艰辛。10月14日,一行3人抵达重庆,过三峡,沿着长江东下,经过18天方才到达南京,其后到达上海。他们在上海又滞留大半个月,[2]等待的日子里又焦躁又兴奋,他们都期望着早日到台湾岛上看一看,可是迟迟等不到开船的消息。11月16日,罗宗洛日记记载:"接蔡邦华、苏步青、陈建功三人联名信一,三人抵沪已久,尚无法来台,欲长官公署予以搭乘飞机之机会。余当即向陈公洽言明,陈立允。"就在罗宗洛接到信件的第二天,事情终于出现了转机。一艘前往台湾的航船到港,众人得以与400多位来自全国各地的"接收大员"一起,向基隆港进发。

这20多小时的航程并不好走。不比西迁时渡过的小河,海上即便是无风也有浪;风大些的时候,特别是日薄西山之时,浪头强劲,船只颠簸得更加

---

[1] 马廷英是第四位得到日本帝国大学理学博士学位的中国人,也是地质学专业的第一位。曾任中央大学教授,1945年时主要任职于中研院中国地理研究所。他同样也是"特选留学生"补助获得者。

[2] 苏步青有"沪上羁栖半月余"句。

厉害。苏步青回忆道：

> 我们呕吐不止，有时简直要把肚肠都翻出来。饭吃不下、觉睡不着那是常事。经过一昼夜的航行，我们拖着疲乏的身躯，登上了宝岛。[1]

19日下午2时，船抵达基隆港。苏步青的母语是闽南话，这在登上台湾岛之后发挥了作用。靠着与当地人顺畅的沟通和台湾同胞的热情协助，不到两小时，一行人便到达台北。这样，理、农、工、医四学院的接收都有人负责。几人商定，先是分头去各处参观，了解实际情况；然后命令日本人编造人员、图书、仪器及药品等清册，清点物品；最后再正式接收。这其中，调查各处的实际情况费了不少时间和力气，但问题最大的是清点工作。1945年的台大，在前述六个学部之外另外还设有预科、附属医学专门部、热带医学研究所、南方人文研究部、南方资源科学研究所等研究机构，总共有22个学科，还有多个分所、附属医院、后勤等部门，光凭这5个人的力量是无法彻底查清的。他们动员了已在台大工作的台湾同胞，包括助教、讲师等青年20余人，再加上高年级的台湾学生，分片清点。台湾同胞怀着满腔爱国热情，废寝忘食地进行细致的清点，查出许多日人漏列的资产。清点物资数量之多，以至于一群人前后大约花了一个月之久的时间，才把留下的这些图书、仪器、药品等物资清点完毕。

在进行清点工作的同时，苏步青等人还受邀去四处讲学、访问、考察。罗宗洛记载，12月6日正打点行装准备次日出行，晚饭后与几位同事杂谈，直到饥肠辘辘，再约苏步青等人出去吃馄饨。12月8日晚间，台中医师公会顾问兼博爱医院院长陈家生招待一行人晚餐，"席间苏步青兄述抗战中大学教

---

[1]《数与诗的交融》中所收同文的附记一并抄录如下：
　《中国现代数学家传》（多卷集）编辑部附言：抗战胜利后，台湾省从日本帝国主义手中回到祖国怀抱。当时中国政府派员赴台接收大学；但这件事在我们的传稿史料中均记述不详。为核对史实，编辑部最近致函九十六岁高龄的苏步青教授。不多日，便收到回信，苏步青先生的秘书王增藩研究员写道："您给苏老的来函收悉，因苏老年事已高，静卧在医院中，嘱代函复。有关接管台大事，经苏老回忆，现将文字稿附上，供参考。"
　载《数与诗的交融》，第66页。

授生活之苦，使在座大为动容"。12月下旬，接收委员会增加了台湾籍教授人选，委员会全体成员又再次从台北出发，进行了考察。

在台湾逗留期间，工作的间隙，苏步青也与同事出门郊游。阿里山、日月潭的风景固然给他留下一些印象，不过相比山山水水，让他更加难以忘怀的大概是在岛上品尝到的赤鲷鱼。赤鲷又被称为"红加吉"，在日本有"百鱼之王"的称号。因其吉祥喜庆之兆，常用于婚宴。苏步青身为浙南沿海人，对海鱼本有所偏好，此时触景生情，更是想起了1928年与松本米子新婚宴之时品尝过的赤鲷，与松本一家幸福相处的时光。总之，自此之后，每每谈及台湾，他都要提起赤鲷。有诗为证：

赤鲷

岛国南来食有盈，赤鲷风味最鲜清。
红鳞暗忆桃花涨，巨口应吹柳絮行。
合是登龙夸采鲤，莫教弹铗怨儒生。
凤凰新侣金盘列，好伴扶桑画烛明。

即便是在离开台湾返回浙大之前，苏步青也还是对赤鲷的"鲜清"念念不忘：

将别台湾作

蜀云黔雨久离居，草席纸窗三月余。
望隔层楼青椰子，潮生曲水赤鲷鱼。
心悲形役聊从俗，老被人嘲尚读书。
惟有归欤新赋好，宁忘安步可当车。

正式完成接收工作之后，苏步青临时出任文理学院院长。[1] 次年春天，陈建功和苏步青、蔡邦华相继辞去在台湾大学的职务，于3月9日一同乘螺旋

---

[1] 苏尚毅：《苏步皋先生事略》，载台湾《温州会刊》，1990（4），第30页。

桨飞机到上海，回到浙江大学任教，从而结束了这次接收"台北帝国大学"的工作。当年夏天，"台北帝国大学"正式更名为台湾大学，罗宗洛短暂接任了校长。对于这段看起来风光，实则处处遭遇责难的工作经历，罗宗洛回忆说："我在南京为台大经费而奔走，不得要领，日子过得很无聊。终于忍耐不住，给朱家骅留交一封辞职信，表示不管他准不准辞去台大代校长职，我已辞定了！"这样，罗宗洛也离开了台大。

保护进步学生

苏步青离开了台湾，但是来自国民党的"机会"仍在频频向他招手。自1941年起，苏步青获聘中央研究院研究员兼学术委员会常委。1946年，陈建功在当时由陈省身教授主持的中央研究院数学研究所兼任研究员。中央研究院提出，希望苏步青也担任研究员，每年中有半年专任期，到上海履职。[1] 此事因陈建功在竺可桢面前"大不赞成"而作罢。陈建功认为，他与苏步青在1946年均只任课一个学期就去了台湾，如以后只能留校半年，"实在不成话"。[2] 1948年前后，也许是看到苏步青子女多、生活困难，国民政府教育部屡次以高薪优待为名，诱使他去往台湾。身在台湾的苏步皋也写信给弟弟，想让他的四个孩子来台。[3] 苏步皋当时就职于台湾工矿公司，是一名高级工程师，经济状况还不错。苏步青对此有些动心。此时陈建功从美国访学结束归国，听说后极力劝阻他：孩子若是去了台湾，将来可能会落到国民党手里，成为他们要挟的筹码。想到自己与国民党当局反复周旋的那些经历，苏步青最终放弃了这个念头。

苏步青与国民党当局的"交手"可以上溯到1935年。是年末，国民党政府签订了卖国的《何梅协定》。北平学生在中国共产党地下组织的领导下，于12月9日举行了声势浩大的游行示威，遭到国民党当局的残酷镇压。消息传到浙大，全校学生群情激愤。12月10日晚9时，杭州400余名学生集会，声

---

[1] 中央研究院数学研究所，1940年在西南联大开始筹备，1946年接收上海的日本自然科学研究所后，由陈省身主持工作，1947年正式成立，所址设在上海。
[2] 竺可桢日记，1946年5月13日。见竺可桢：《竺可桢全集》，第10卷，第115页。
[3] 金辉：《苏德洋：苏步青之三子》，载《温州都市报》，2011年3月24日，B33版。

讨国民党政府的暴行，通电响应北平学生爱国运动。次日，杭州全市的学生又举行示威游行大会。《申报》报道：

> 今（十一日）晨七时，分赴各指定地点宣传，后因阅报载北平学生九日示威发生流血惨案，十时，紧急召集杭市中等以上各学校代表开会，〔议〕决定下午二时，假湖滨体育场举行反对华北一切假借民意之自治组织大游行。……学生万余人，由各校推派代表、组织主席团，决定开会仪式，并推定施尔宜为临时主席，报告开会宗旨，及华北情状。并谓杭市学生，一致兴起为政府后盾，嗣即呼口号，出发游行。……沿途大呼口号，秩序甚佳。军警当局派队维持交通。[1]

游行过程中，国民党军警抓走学生代表12人，引发学生冲击铁路的事件，冲突进一步升级。在学生们的强硬要求下，浙江省政府释放了被捕学生并道歉。然而当学生们刚刚回到校园，当时的浙大校长郭任远就贴出布告，开除学生自治会主席施尔宜等人的学籍。[2]浙大学生对郭任远一意孤行，随意处分学生而积累起来的不满一齐爆发，掀起了"驱郭"的高潮。就在这时，数学系的毕业班学生卢庆骏，[3]因为打网球与一位教师发生纠纷。因此卢庆骏也在郭任远开除之列。考虑到学生的前途，苏步青出面希望校方收回成命，遭到了拒绝。耿直的苏步青寸步不让，也宣布说，学校若不收回这项不合理的决定，他就辞职。

"苏教授要辞职了，我们还上课吗？""不上了！"一时间，参与学潮的学生奔走相告，于是，这件原本和学潮没有直接关联的事情，就成为鼓舞罢课学生的"强心针"。郭任远自知气数将尽，再不敢独自抛头露面。1936年1月

---

[1] 《杭市各校学生大游行 同情北平学生》，载《申报》，1935年12月12日。
[2] 施尔宜（1911— ），后改名施平，云南大姚人，1931—1934年在浙江大学农学院学习。曾任上海市人民代表大会常务委员会副主任，北京农业大学党委书记、副校长，华东师范大学党委书记等职，是著名生物学家、中科院院士施一公的祖父。郭任远（1898—1970），行为主义心理学家，中国心理学奠基人之一，曾就读和任教于复旦大学。
[3] 卢庆骏（1913—1995），导弹与航天技术专家，1931—1936年在浙江大学数学系就读，后于芝加哥大学获博士学位。

6日，在戴笠向蒋介石呈送的浙大学潮密报中，认定学生自治会主席施尔宜"阴谋破坏校务维持会"；16日，时任浙江省主席黄绍竑又向蒋介石报告说："确有代表施尔宜等向省府请愿。"[1]1936年1月22日（一说20日）上午8时许，蒋介石与随从赶到浙大，召见施尔宜和杨国华二人，由郑晓沧（时任浙大教务长）、李寿恒（时任工学院院长）和苏步青三人组成的临时校务委员会在场陪同。蒋介石怒斥施尔宜"鼓动学潮，破坏学校正常秩序"，施尔宜冷静地回答道："我们要求政府抗日，要求罢免郭任远，是爱国爱校的行动，是全体同学的意见。"面对蒋介石的复课要求，施尔宜只是再三表示："要我恢复上课，我办不到。"出于对学生正义观点的支持，校务委员会继续与国民党政府周旋，蒋介石也只好悻悻而归。大罢课延续了30天。

这是苏步青自己第一次以教师的身份介入大规模的学生运动之中，但不是他第一次关心时局。早在1927年，苏步青就因参加中国留学生集会，抗议《田中奏折》而被日本警察逮捕。当时是林鹤一教授会同数学系的其他教授们作保，赶在审问开始前将他从监狱中保释出来，才避免了遭受厄运。而这一次，苏步青的形象与林鹤一重合了起来：他被学生的爱国之心打动，也为学生的未来前途着想，寻找种种方式巧妙地与当局周旋。

自全面抗战爆发之后，国民党抗敌不力，加上"国统区"的经济、政治、社会秩序全面崩溃，教授、学生的基本生活也都得不到保障。学生们不满于现状，学生运动越来越多；回应学生拳拳爱国之心的却是无情的"党化"教育和残酷的暴力镇压。自从1938年1月，陈立夫执掌国民政府教育部之后，国民党就将大学师生的政治活动视为对自身既得利益的威胁，开始有意识地加强对大学师生的控制。陈立夫主持下的教育部先后在1938年3月、7月和1939年5月发布文件，推动教师加入国民党、学生加入三青团的相关工作。教育部还要求学校成立训导处，设训导长一职，由国民党党员担任，与教务长平起平坐。训导长的设置名义上是为增强学生的思想道德水平，实质上是国民党"党化"学校的一种手段。[2]竺可桢对此不断尝试周旋，在上级

---

[1] 见何方昱：《训导与抗衡——党派、学人与浙江大学 1936—1949》，上海书店出版社，2017，第27—28页。
[2] 杨思信：《战时浙江大学的训育与风波——以竺可桢日记为考察中心》，载《甘肃社会科学》，2016（5），第156—160页。

命令、自身"教授治校"理念以及学生的诉求之间寻求平衡，结果却屡屡失意。在这种困境中，竺可桢对当局只取得过唯一的一次"胜利"，就是聘请仗义执言的费巩教授担任训导长一职。然而这次小小的"胜利"最终的结局，却是让费巩在不到5个月的时间就被迫下台，且遭当局绑架、暗杀。当局还通过陈布雷等，数次给竺可桢施加压力，企图让他为国民党效忠。最终在1943年5月，竺可桢被迫加入了国民党。[1] 在国民党党组织和当局教育部的重重压力之下，浙大先后有郭斌和、顾谷宜、苏毓棻等27名教授加入了国民党，这其中也包括了苏步青。[2]

保障学校运转

这个被迫得到的身份并没有影响苏步青的立场。1947年5月11日，浙大《求是周报》发表报道《经费入不敷出——浙大或难渡五月，校方在谈话会上宣称》；同版又刊发了《苏步青先生谈教授生活问题》。苏步青在接受采访时，就直言不讳地抨击："这已不是面子问题，这是肚子问题了……教（育）部是要我们拖地板呢，还是要我们做论文？"[3] 由于他仗义执言，同年10月1日，苏步青当选为浙江大学校务委员会委员，[4] 更加积极正面地参与到学校层面的管理之中。

此时国民党当局对大学的管控达到了史无前例的程度，学生的抗议也达到高潮。1947年10月25日，苏步青与张晓峰、郑晓沧、李浩培、朱正元共5位教授，作为浙江大学教授代表，受竺可桢校长的委托到南京争取与宁沪两地国立大学同等的物质待遇。不巧，就在同日，浙大学生自治会主席于子三等同学和校友共4人，中了国民党当局的计，在大同旅馆被捕。竺可桢与当局斡旋，试图将于子三救出。然而29日，于子三在杭州警备司令部监狱中死亡，国民党当局捏造证据，说他是"畏罪自杀"，并要求竺可桢签字认

---

[1] 竺可桢日记，1943年5月12日。见竺可桢：《竺可桢全集》，第8卷第562—563页。
[2] 杨思信：《战时浙江大学的训育与风波——以竺可桢日记为考察中心》，载《甘肃社会科学》，2016（5），第156—160页。
[3] 载浙大《求是周报》，1947年5月11日。
[4] 竺可桢日记，1947年10月1日。见竺可桢：《竺可桢全集》，第10卷，第546页。

可，竺可桢对此严辞拒绝。[1]次日下午，悲愤的浙大学生集合在广场上，手捧大幅的于子三遗像，拉起"冤沉何处"的白布横幅，穿过街市并沿途散发传单。

得知事件发生的苏步青，出于对学生的同情和对当局迫害学生行径的憎恶，旋即以教授会主席的名义从南京发电报回浙大，建议召开教授会抗议当局杀害学生，以示声援。10月31日，国民党当局宣布杭州戒严，教授会则在佘坤珊、谈家桢的主持下通过决议，决定于11月3日罢教一天。[2]11月1日，苏步青返回杭州，便收到了特务的恐吓信。这并没有使他动摇。教授会在《国立浙江大学校刊》上发表了抗议宣言，指责当局有三大过错：

> 既为治安机关（……）而乃违反法律，迁延时日，不送法院，此应任其咎者一。既不能迅速办理移送法院，而又监守不谨，致惨死羁押之所，此应任其咎者二。综合事实，其是否自杀，颇多疑窦，如非自杀，则治安机关有草菅人命之嫌，此应任其咎者三。[3]

宣言发表后，《申报》等报纸进行了报道，[4]引发了强烈的社会反响。

1948年之后，迫于当局压力和学生抵制，浙大相继调换多位训导长，每位的任期都不超过两个月。那些站在学生一边的教授，不能不想到费巩的遭遇；而站在国民党一边的教授，也害怕学生的反抗，无人肯接手这个"烫手山芋"。作为校长的竺可桢面临着巨大的压力，为训导长一事多方奔走，始终得不到结果。万般无奈之下，1948年9月3日，竺校长再次找到苏步青，表达

---

[1] 竺可桢日记，1947年10月29日。竺可桢：《竺可桢全集》，第9卷，第569—570页。
[2] 竺可桢日记，1947年10月31日。竺可桢：《竺可桢全集》，第9卷，第571—572页。关于罢教的倡议者，张宏在《我所了解的束星北先生》（载《科学时报》，2005年12月23日）一文中叙述说：
> 束（星北）先生首先发言。他说："我向来不赞成学生搞政治活动，但是，政府如此残酷摧残我们苦心培育的学生，如此践踏人权，我们无法容忍。教授会应该以罢教来抗议政府的暴行。"他还愤慨地说："我就不相信，我们不敢罢教！"在场70多位教授都赞成他的意见，于是以浙大教授会名义作出决议。

竺可桢日记中，关于何人动议罢教未作记叙，不过此日及前一日，的确列有接苏步青电报之事。
[3] 《教授会关于子三惨死事宣言》，载《国立浙江大学校刊》，1947（167），第3页。
[4] 《竺可桢抵京谈于子三案》，载《申报》，1947年11月6日。

图 19 中央研究院第一次院士会议合影，后排右二为苏步青

了请他出任训导长一职的恳求。此时的苏步青已经获得了中研院院士的头衔，又在院士会议上当选评议人。[1]他与时任浙江省省长陈仪是老相识，还兼任国民党军队的杭州航空学校教师。[2]竺校长知道苏步青同情学生，而且已有些名气，国民党不敢对他下手，这些身份可以更好地保护学生。在学生方面，由谷超豪发起，[3]有1000多人联名要求苏步青接任训导长，足见他们对苏步青的信任。于情于理，苏步青都当仁不让，于是他下决心接手这个苦差，协助竺校长渡过难关。9月6日，竺可桢正式公布了这项任命。

1948年的浙大，经济陷于困顿。经年累月的物价飞涨，使教授、学生们只能向政府要求补发工资和津贴，以维持起码的生活。苏步青几次作为代表赴南京请愿，都无功而返。在担任训导长后，苏步青首先做的是亲自为学生

---

[1] 1948年，中央研究院第二届评议会组织了五轮投票，共选出81名院士。其中数学学科共选出5名：姜立夫、陈省身、华罗庚、许宝騄、苏步青。"前三位在第一轮投票时即被选出。许宝騄与苏步青是由第二轮投票选出的。""1948年中央研究院第一届院士选举结束后，中央研究院刊印了《国立中央研究院院士录》。这个资料刊载了中央研究院第一届院士的著作目录。从目录可以看出，五位数学院士中，苏步青发表论文最多，有95篇；华罗庚次之，发表68篇；陈省身再次，发表38篇；许宝騄发表24篇；姜立夫发表1篇。"见袁向东、郭金海：《我所知道的华罗庚与陈省身——徐利治先生访谈录》，载《书屋》，2007（5）。又参《院士会议第一日大会产生 评议员四十五人 决议设论文及学术讲演两委员会》，载《申报》，1948年9月25日。

[2] 1948年3月起任职，又1948年5月起在杭州私立之江大学兼课，同年9月在杭州私立齐鲁大学兼课。

[3] 苏步青：《为振兴中华发奋学习——同复旦大学学生的一次谈话》，载《苏步青文选》，浙江科学技术出版社，1991，第88页。

采购粮食。他利用自己的熟人关系，为浙大以较为低廉的价格采购到柴、米，为竺可桢解了燃眉之急。[1]

在如火如荼的反内战、反饥饿、反迫害、反对美帝国主义等一系列运动中，国民党对学生的镇压措施也越来越严酷。国民政府先是公布了《戡乱总动员令》和《戡乱时期危害国家紧急治罪条例》，又接连制定《特种刑事法庭组织条例》，加紧镇压共产党人和人民革命活动。这些法令在原先已经允许国民党当局对政治案件实行秘密审判的基础上，还增加了"对秘密审理后作出的裁判，当事人不得上诉或抗告"的规定。借助"陪审团"的形式，有罪或无罪全凭国民党授意。[2]在这些"法令"的撑腰下，"特种刑事法庭"恣意到大学搜捕中共地下党员和进步学生。

当时在史地系就读四年级的陈业荣，在学生自治会中任干事，住在医疗室，却"每晚引外人至室中开会，已为外间所注意"，[3]因而被列入了搜捕名单。由于疾病等原因，他未能及时在中共地下组织的安排下从浙大撤离。眼看在劫难逃，苏步青作为训导长，以其患有肺结核不能出庭为由，宁可自己承担风险，硬是把他保了下来。"训导长"的职务为苏步青提供了保护学生的便利。

为了进一步保护学生，苏步青号召学生在学校大操场建筑护校围墙。他站在卡车上向学生们喊话："我们学校有将近20丈的围墙倒了，万一强盗进来偷东西就不得了。还有，一些人随便进入，也很不安全，你们说，要不要修一道围墙呢？"操场上的同学齐声喊："要！"于是，数百名学生、工人、教师一同砌了三天围墙，让学生们有了安全感，也让国民党的警察不那么容易抓到学生。[4]

1949年初李宗仁上台后，作出表态，愿意与共产党进行商谈，"下令撤销总动员令、停止实施戒严法"。对苏步青而言，最重要的便是承诺释放"政治犯"。他和竺可桢都认为，必须抓住这个"松口"的时机，营救在狱中的学

---

[1] 参见竺可桢日记，1948年10月29日。见竺可桢：《竺可桢全集》，第11卷，第243页。
    晨六点半起。上午陆子桐等又赴萧山取米，即昨所定购之六十担也，白米价每担为五十六万元。步青于下午赴富阳询柴之价目，因步青与富阳县政府之民政科长相稔也。
[2] 张晋藩主编：《中国法制史》，中国政法大学出版社，2014，第296页。
[3] 竺可桢日记，1948年10月16日。见竺可桢：《竺可桢全集》，第11卷，第232—233页。
[4] 苏步青：《神奇的符号》，江苏人民出版社，2008，第83页。

生。1月26日，浙大由苏步青与李浩培、孙斯大出面前往监狱，保释陈建新、黄世民、郦伯谨、吴大信等学生。不久，他们都被安全地转移到了解放区。[1] 从1948年12月起，学生运动和当局镇压的对抗局面愈演愈烈，苏步青和竺可桢实可谓"不是在监狱探望学生，就是在去监狱的路上"；国民党方面态度越发强硬，即便再三斡旋，也不肯放人。苏步青不堪重负，最终提出辞去训导长一职。学生们听闻之后纷纷挽留，使得他的任职期限从原定的1948年12月一延再延，最终延续到1949年2月。[2] 待到苏步青卸任，杭州解放已近在眼前，这个无人"敢"当的职务也退出了历史舞台。在这期间，学生的安全得到了尽可能的保护，苏步青没有辜负竺可桢的良苦用心。

筹建数学所

一边是垂死挣扎中的国民党政权，而另一边，1949年的春节，苏步青的学生谷超豪为他送来了"中共杭州市工委"发出的贺年片。[3] 看到贺年片上的落款，苏步青的内心也受到了极大的触动。同年5月3日，杭州解放。浙江省军管会主任谭震林不久便派员前往苏步青家探望。这位代表向苏步青传达了共产党的政策，而且向他发出了中央的会议邀请。6月19日的《解放日报》上就刊登了消息，苏步青等6名浙大教授将出席7月10日在北京举行的第一届全国科学会议筹备会。

1949年7月9日前后，苏步青到达北平。[4] 一路上，解放军官兵对科学家们以礼相待，负责接待的官员还带领他们参观了故宫，在北海公园游览。7月

---

[1] 本书编辑组：《黎明前的求是儿女——解放战争时期浙江大学的学生运动和进步社团》，中国青年出版社，2008，第361页。竺可桢日记，1949年1月26日。见竺可桢：《竺可桢全集》，第11卷，第360页。

[2] 据竺可桢日记，1949年1月23日、2月4日、2月7日，分别见竺可桢：《竺可桢全集》，第11卷，第357—358页、第366—367页、第368—369页。竺可桢为继任训导长的人选忙碌，并在1月23日提及苏步青任训导长"只允维持至二月一日"。

[3] 根据后来披露的材料，这项工作是当时在浙江大学物理系任教的许良英主持完成的。"许良英还主持做了一件事，在1949年元旦的时候，以'中国共产党杭州工作委员会'的名义，给一批进步人士写信拜年，并希望其留下参加新中国的建设。"见李杨主编：《洞孔中的历史》，青岛出版社，2011，第161—162页。许良英（1920—2013），浙江临海人，科学史家，译有《爱因斯坦文集》。

[4] 竺可桢日记，1949年6月19日，1949年7月13日。分别见竺可桢：《竺可桢全集》，第11卷，第463—464页、第477—478页。步青、季梁、邦华、淦昌及时璋五人均住旅行社招待所。

14日，会议正式开始，周恩来以统战部部长的身份参加，并在宴会上向科学家们敬酒。如果说贺年片给苏步青带来了春天的消息，那么，这一场如沐春风的会面就更使苏步青领略到了共产党人的风范。这既让他打消了顾虑，对中华人民共和国报以信心和希望，也同时对北京这座古都心生向往。——若是进京，会怎样呢？……

苏步青有理由这样想。1948年，临时主持中研院数学所的陈省身赴美进修，躲避战乱；1949年初，中研院数学所的图书资料迁到了台湾，其他人员也都各自另谋去处。一时间，原中研院数学所的成员四处离散，百废待举的数学界迫切需要新的领军人物。1949年10月29日，筹备中的中国科学院举行小组会议，决定科学工作委员会各组人选，苏步青入选数学组，排名仅次于姜立夫，列第二。[1] 11月1日，中国科学院宣布成立，郭沫若出任院长，筹建各研究所的事情也就提上了议事日程。时任中科院计划局副局长的钱三强，在次年1月的会议上正式提出了筹建数学所。如果苏步青可以到北京，在中科院数学所担任一些工作，不仅可以让他摆脱竺可桢走后浙大教务中的烦心事，而且对儿女众多的他而言，生活也许还有几分改善的可能。不过，在领导层与多数筹备委员会的一致意见下，苏步青于1950年12月23日，主持筹备处会议，正式推举华罗庚出任所长。在完成任命后，苏步青就返回了杭州。

从北京归来后，苏步青先后担任了浙江大学校务委员会委员、教务长，在行政管理之余，他仍然每学期坚持为研究生和教师开设"高等微分几何"课程。虽然在北京遭遇了一点挫折，这段貌似失败的经历在某种意义上却也为他日后的声望日隆奠定基础。作为一名数学教育家，苏步青得以更紧密而广泛地与学生接触，参与到学校工作的方方面面，这些都可以说是成为一位名校校长所必要的条件。

不夸张地说，在浙大的二十年，特别是在竺可桢任内，苏步青经历了抗战时的颠沛流离和抗战后的民不聊生，在"一地鸡毛"的困难背景下仍取得了教学和研究上的成绩，并热心积极地参与到文理学院及校务工作之中。他

---

[1] 竺可桢日记，1949年10月29日。见竺可桢：《竺可桢全集》，第11卷，第557页。

颇为仗义,乐于打抱不平。这样的性格虽然给他带来一些误解与龃龉,甚而经历了惊心动魄的场面,却也为苏步青积累了担任学校关键职务的经验,尤其是竺可桢在担任浙江大学校长时的种种优良作风,日后也成为苏步青自己主持校务工作的重要参考范本。

七

移师复旦大学

即便世事多变，进入人生"后半程"的苏步青，仍在开拓新领域的创业道路上步履不停，在个人的逆境中为学术与国运的繁盛不倦地寻求转机，尽自己的努力维系着中国数学与世界数学的联系。

中国微分几何生机蓬勃

1952年8月31日夜，浙江大学民盟小组召开联席会议，通过了《思想改造总结报告》。但与之放在同一张台面上的，还有一份题为《拥护院系调整文告》的文件。全体与会者都被要求在第二个文件上签上自己的名字。[1] 回到书斋，独对日记，这一天的竺可桢如此写道：

> 理学院数、理、化、生各系均将分散，如数学苏步青去复旦，陈建功到另一校，徐瑞云到师范学院，何增禄、谈家桢等亦将到复旦。这在浙大是一重大损失，回复到卅年前工业专门学校状况。……[2]

从无奈的语气中，我们不难体会到，同时的两份文件有着同样的显而易见的"言外之意"。单看苏步青，1951年，他加入了中国民主同盟，并在年末

---

[1] 智效民：《数学家苏步青的浙大情怀》，载《南方都市报》，2014年8月24日AA17版。宋云彬日记，1952年8月31日。

[2] 竺可桢日记，1952年8月31日。见竺可桢：《竺可桢全集》，第12卷，第684页。注：陈建功后同样调到复旦。

被任命为民盟杭州市分部委员。[1] 在随后展开的"三反"运动和思想改造运动中，苏步青的家庭成分被划为地主，[2] 又由于苏步皋去了台湾，他像那个时代的大多数知识分子一样，受到了不小的打击。[3] 与此同时，做了苏步青许多思想工作的谷超豪，也因自己所谓的"历史问题"而屡遭诘难，处于自身难保的状况之中，[4] 这时的他恐怕也难以顾及老师的处境。危难之际，也有人伸出援手，给予关切。这其中既有浙大物理系的教授束星北，也有浙大数学系青年教师叶彦谦的祖父叶左文，更有苏步青的远亲近邻。[5] 在他们的帮助下，经过前后半年多的"改造"，苏步青才得以"成功过关"。[6] 可见，思想改造运动对苏步青在内的每一个人所造成的冲击还没有过去，他们在面对"院系调整"这个突然的消息时，别无选择。

如果我们对浙江大学当时的境况有所了解，就不难发现"院系调整"实则早已在酝酿之中。1949年9月，浙江大学史地、法律、经济等系，与暨南大学文、法、商学院，金华的英士大学经济、法律两系，以及同济大学文法学院就已先行并入复旦大学。1950年以后，随着抗美援朝战争爆发，整顿接收境外资助高校的运动更是雷厉风行地展开，集中在北京、上海的许多教会大学撤销、拆分、关闭，同时，组建新大学提上了议事日程。在明确了向苏联"一边倒"的政策之后，到了1952年5月，教育部在全国工学院会议调整的基础上制定了1952年高等学校院系调整方案，向苏联学习，办苏联式的工科大学和综合大学。同年7月，具体方案下达各高校。8月2日，华东地区高等学校院系调整委员会成立，并于8月中旬制定华东地区院系调整的具体方案。因此，到8月31日，所宣布的已经是最终决定了。

在半个多月后的一天中午，浙江省委的领导设宴饯行，请这些即将调离浙大的教授们喝酒，再安排他们上了火车。下午，列车停靠上海站，时任复

---

[1] 宋云彬日记，1951年10月12日。见宋云彬：《宋云彬日记》，中华书局，2016年，中册第334页。
[2] 曾永源、曾琦琦：《我的老乡苏步青》，载《杭州日报》，2017年6月13日，A18版。
[3] 参见宋云彬日记，1952年2月23日、2月26日、3月23日，分别见宋云彬：《宋云彬日记》，中华书局，2016年，中册第373页、第373页、第378页。
[4] 周桂发、段炼：《谷超豪：莫斯科大学的第一位中国博士》，载《档案春秋》，2013（4），第26—28页。
[5] 叶彦谦：《我识苏师60载——祝贺苏步青老师百岁寿辰》，载《文章道德仰高风》，第113页。曾永源、曾琦琦：《我的老乡苏步青》，载《杭州日报》，2017年6月13日，A18版。
[6] 宋云彬日记，1952年6月13日。见宋云彬：《宋云彬日记》，中华书局，2016年，中册第397页。

图20 苏步青与陈望道

旦大学的校长陈望道已在站台上迎接。这一路"无缝衔接",不仅"看管"住了这些浙大的名教授,也把他们在浙大积累多年的宝贵资料带到了复旦,其中也包括苏步青和浙大数学系的中坚力量,以及数学系所藏大部分图书杂志。

离开浙江大学,离开熟悉的校园,苏步青无疑是心痛的。然而这份心痛更多地只能藏在心中,苏步青将它转化为日复一日校务工作中的真抓实干。在复旦,他被任命为教务长。他雷厉风行地将在浙大数学系建立起的讨论班传统带到了复旦。此外,他还抽出时间定期指导青年教师备课,听课检查,帮助青年教师改进教学。微分几何讨论班继续举行,这股讨论班之风很快就在复旦数学系产生影响,引来了报纸的报道。

随着局面逐渐打开,复旦数学系的其他教授,如黄缘芳、周怀衡等,也纷纷接受了讨论班制度,开展了积分方程、代数和分析方面的讨论班。这时的复旦大学数学系,可谓群星云集:来自浙江大学的苏步青、陈建功、卢庆骏等教授,来自同济大学的杨武之教授,加上原复旦大学数理系数学组的陈传璋、周慕溪、李锐夫、周怀衡、黄缘芳、崔明奇等教授……浙江大学、交通大学、同济大学、大同大学等4校数学教学精英荟萃,这些学校数学系的本科生、研究生也都一同并入。1953年,谷超豪的加盟更带动讨论班的参与者从参与人数到讨论水平都有了很大提升,内容也更加丰富多彩。

年过半百而再度创业的苏步青,以复旦为新的阵地,使萌生于浙大的中

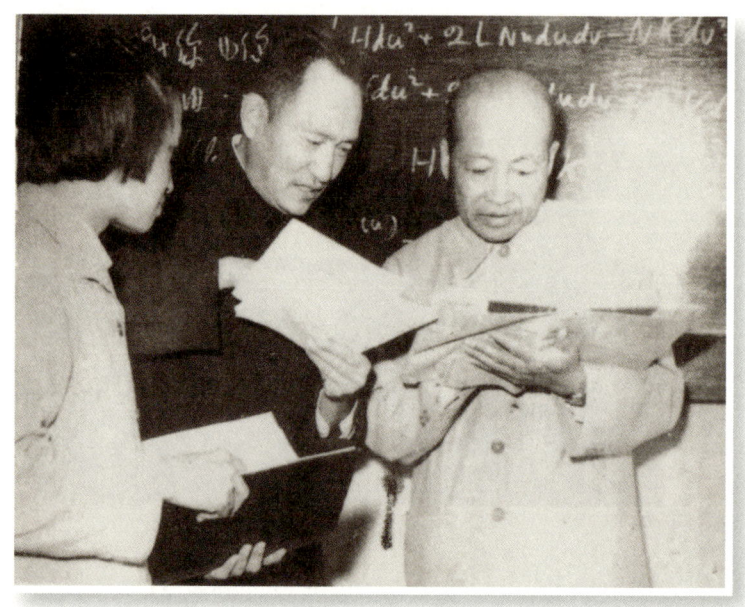

图21 苏步青在复旦大学的讨论班上

国微分几何学派在上海显示出蓬勃生机。有才干的学生开始云集,也成为苏步青告别浙大之后最大的宽慰:"能教出好学生,比做什么都高兴。"研讨班使科学研究工作经常化、制度化,不仅在数学教研组实施,到1956年,还陆续推广到全校各学科的40个教研组中。苏步青总结说:

> 一些刚开始在科学大道上迈步的青年,他们分不清东西南北,他们需要经历一定的摸索阶段。因此,必须善于耐心地引导他们去摸索方向。首先指导他们确定一条干线,使他们能围绕着干线来学习。当他们能够比较全面地掌握这一条干线上的知识后,就再给他另外开辟一条干线,过了一段时期,又再开辟一条干线。这样,日积月累,青年人会走的路就不是一条而是很多条了。他们的路宽了,知识广了,收获也自然而然多了。这样由窄到宽,由低到高,老老实实,循序渐进,就是我历年来指导科学研究的唯一的"土方法"。除此之外,再无第二条更好的途径了。[1]

---

[1] 王增藩:《苏步青传》,浙江科学技术出版社,第154页。

即便年龄渐长，苏步青也不敢怠慢，将他在浙大时勤勉的教学风格延续到了复旦。据谷超豪回忆，苏步青讲课的时候，虽然带有讲义，但在课堂上基本不看，一面讲，一面在黑板上写。学生既能听懂他讲的内容，又可以把笔记记得清清楚楚，听课成为一种享受。苏步青给研究生开的高等微分几何课，每年讲的内容都不一样，从不重复。苏步青在从浙大到复旦的几年时间里，先后讲授了嘉当的许多重要成果，包括黎曼几何学、连续群理论、外微分形式法等，使学生得以较快掌握嘉当几何学的思想和方法，对其中表现突出的谷超豪和胡和生，还给予了很大的欣赏和鼓励。[1]

"为党贡献自己一切"

在海的另一边，苏步青的导师，东北帝国大学的荣誉教授洼田忠彦病逝于东京。[2] 洼田教授在仙台的老家毁于战火，迁往东京5年之后便与世长辞，他的去世也在某种意义上宣告了微分几何学研究的日渐沉寂。而与导师那一边的消沉相对照的，则是已过半百的苏步青，正接连不断地面临新挑战与新机遇：共产党领导下的中华人民共和国展现出生机盎然的新面貌，确确实实让苏步青"感到社会主义制度为知识分子开辟了大有作为的广阔天地"。[3] 而在时代洪流一次次的冲击与转向中，苏步青又多了几分隐忍，也多了几分沉稳。在新的形势下，苏步青唯有选择"学习，学习，再学习"，他像一个小学生，小心翼翼、踉踉跄跄，才能跟上时代的步伐。只有在数学的世界里，他才能如自己在诗里所说的那样逍遥自在——"半百年华充壮岁，三千学子共优游"。

1955年6月，日本学术会议应"开展同苏联和中国的学术、技术交流"之倡议，组成了以茅诚司为团长，南原繁、有山兼孝、朝永振一郎、坂田昌一等著名学者为成员的代表团，在结束对苏联访问回国途中访问了中国。在

---

[1] 谷超豪：《苏步青老师引导我做研究》，载《文章道德仰高风》，第125页。
[2] Shigeo Sasaki: Obituary note: Tadahiko Kubota (1885–1952). Tohoku Mathematical Journal, 1952, 4 (3): 318–319.
[3] 谷超豪：《把毕生精力献给党的教育事业——学习苏步青教授的革命精神》，载《文汇报》，1981年5月28日。

欢迎宴会上，茅诚司一眼就认出了二十多年没有见面的苏步青。[1] 12月，郭沫若又以政务委员的身份率团回访，苏步青与翦伯赞、冯德培等一同参加。在当时日本的电视报道中，苏步青参与了工学组分组会，就1949年以来淮河治理和长江大桥建设的成就向日方作了介绍。他还说："中国就是这样在进行着规模宏大的建设事业，因此，苦于缺乏学者和技术人员。日本比中国技术先进，幸好又是近邻，我们希望向你们学习。"[2]

在日本期间，苏步青终于得以和阔别已久的师友会面。欢叙旧情，令随行的日语翻译也自叹弗如。"轻寒微洒，宛似当年离别夜。"（《减字木兰花·1955年访日偶成》）这距离他上次踏上日本的土地，已经过去了十多年；距离他下一次再访日本，还有24年。

从日本访问归来后，1956年初，苏步青在上海受到毛泽东主席的接见。苏步青曾多次回忆当时的情景和感受："那天晚上，陈毅市长介绍了情况之后，毛主席就伸出大手握住我的手，说：'我们欢迎数学，社会主义需要数学。'有生以来第一次握住主席那巨大、厚实的手，我非常感动。听到毛泽东主席这样重视数学，看重数学工作者，我心中有说不出的激动。"[3]

来到复旦之后，苏步青先后担任第二、第三届民盟中央委员，第五、第六届民盟上海市副主任委员等职务。尽管公务繁忙，苏步青仍对数学的学科发展，特别是中外数学家的交流格外关注。在各种局势下，苏步青仍尽一切可能，维系中国数学与世界数学的联系。而毛主席的这次接见，无疑给了苏步青更大的信心和热诚，让他看到自己在新的社会环境中仍能发挥作用，不会被时代抛弃。1956年10月，应保加利亚数学会邀请，苏步青率团参加保加利亚数学会年会，并沿途访问了苏联、保加利亚和民主德国。10月10日，苏步青在保加利亚参加了年会开幕式，次日开始听取论文报告。10月23日，他又抵达东柏林，开始就"K展空间几何学""具有面积测度的空间几何学"两个主题，在柏林洪堡大学、德累斯顿高等工业大学、莱比锡大学、格莱夫斯

---

[1] 刘延州：《异国兄弟情》，载《文汇报》，1984年1月10日。
[2] 日本中央文化映画社：《路，在开拓——中国科学代表团访日纪录》，刘德有译，载《郭沫若研究》，第九辑，第238页。
[3] 苏步青：《关怀与教诲——忆毛泽东同志的几次接见》，原载《复旦校刊》1993年11月，见《数与诗的交融》，第118—119页。

瓦特大学等高等院校进行参观讲学，直到12月15日返回国内。在民主德国，苏步青终于有机会面谒了久仰的Blaschke教授，从他那里获赠了增补版的《圆与球》。[1] 1958年，苏步青还参加了在罗马尼亚召开的几何拓扑会议。他在会上发表了题为《K展空间微分几何学最新进展》（*Recent Progress in the Differential Geometry of Space of K-spreads*）的论文，介绍了他和谷超豪在K展空间研究上取得的成果。

1956年，苏步青和陈建功一起接受中国科学院的委托，筹建了中国科学院上海数学研究室。研究室于1957年6月在复旦大学正式成立，次年12月升格为中国科学院上海数学研究所，下设几何与函数论两个研究室，由苏步青任所长。1960年划归复旦大学，更名为复旦大学数学研究所，其学科设置扩大为微分几何、函数论与泛函分析、微分方程、概率论与数理统计等四个研究室，陈传璋、谷超豪、夏道行等先后任副所长。[2] 这进一步促使复旦成为全国数学研究的又一重镇。

在1958年的一份个人"又红又专"规划上，苏步青写道："经过反右斗争的教育，我已决心把自己的一切献给党，我争取二年内加入共产党，以求更好克服自己思想意识的某些缺点。"他还立下了军令状，决心要在7到10年的时间里，"使复旦大学微分几何的研究工作赶上莫斯科大学的研究水平"[3]。同年5月，苏步青获准应邀参加在罗马尼亚召开的几何拓扑会议。在苏联期间，他与当时正在莫斯科进修的谷超豪相见，"激动地倾诉了自己热爱党、要求加入党组织、决心为党贡献自己一切的愿望"[4]。1959年3月，党组织经过考察，决定吸收苏步青入党。

这无疑为苏步青赢得了数学研究所需的平静环境。从1958年到1964年，苏步青《一般空间微分几何学》《现代微分几何概论》和《射影曲面概论》等专著相继出版；1957年至1959年间，苏步青的论文发表出现了仅次于在日本

---

[1] 见[德]W.伯拉须凯，苏步青译：《圆与球》，上海科学技术出版社，1986，译者序，第1页。这是两人唯一的一次会面。

[2] 参见数学研究所介绍，载复旦大学数学科学学院网站。

[3] 习平：《红专总检查 教学大革新 复旦大学双反矛头指向学校根本问题 群众运动使得人人眼睛明亮，个人规划做到个个心情舒畅》，载《人民日报》，1958年3月15日。

[4] 谷超豪：《把毕生精力献给党的教育事业——学习苏步青教授的革命精神》，载《文汇报》，1981年5月28日。

读书时的小高潮，他在这三年里总共发表了20篇论文，占到整个20世纪50年代发表数量的一半以上，证明了多项重要定理。同一时期，出于本科生教学的需要，苏步青自编讲义和翻译的数学名著就有5本之多。这对于一名年过50岁的数学家而言，已近乎是一种奇迹了。在苏步青取得这些成绩的同时，也从另一个侧面展现出中国数学当时的发展仍旧十分缓慢，翻译苏联的数学教材，所依靠的绝大多数人仍然是较早留洋的数学教授。要实现"人才辈出"的愿望，真正做到自主培养人才、"自给自足"，依旧任重道远。同样是在1958年，他的老搭档陈建功被调离复旦——陈建功后来参与组建新的杭州大学并任副校长，并在随后如火如荼展开的那场运动中饱经摧残，于1971年病逝。这对浙大的数学"双子星"就此离散。

正因如此，苏步青对自己的学生要求更加严格。即便谷超豪当时已经成名成才，苏步青对他的要求也并没有放松。1957年他赴莫斯科大学留学前夕，苏步青就鼓励他，对嘉当"无限变换连续群的理论"作出后续的工作。因为苏联当时还与西方数学界保持着比较频繁的联系，几何学家嘉当本人就曾三次访问苏联进行学术交流，那里的数学研究处于世界前沿的水平。苏步青的精准预判，也促使谷超豪在留学苏联的两年中，就嘉当的无限变换拟群的理论作了艰苦卓绝的探索。最终，谷超豪凭借论文《李-嘉当变换拟群的通性及其对微分几何的应用》被破格授予物理-数学科学的博士学位。值得注意的是，当时留学苏联的研究生一般最多获得副博士学位，这一学位也相当于今天大多数国家的博士学位。而"博士学位"往往需要研究者皓首穷经，在副博士毕业后若干年，在学术上获得卓越成绩，才可提出申请。其申请资格不仅需要能够体现工作实绩的论文，而且要通过由知名学者主持的考察。谷超豪于31岁留学攻读研究生而获博士学位，实属惊人。[1] 谷超豪在这一领域取得成就之后，苏步青又要求他"不要限于微分几何，要跨出去，投入到偏微分方程的研究"。他敏锐地意识到，这些微分方程的研究有助于攻克国防工业相关的重大难题。在回国后，谷超豪谨遵恩师教导勤加钻研，最终在偏微

---

[1] 周桂发、段炼：《谷超豪：莫斯科大学的第一位中国博士》，载《档案春秋》，2013（4），第26—28页。

分方程和数学物理的研究方面作出了卓越的贡献。[1]

同样也是在苏步青的领导下，计算数学专业从无到有、白手起家，在师生们的共同努力下，仅仅一年的时间便掌握了程序设计技能，为建造更加快速的电子计算机创造了良好条件。此外，苏步青还对留守浙大的数学教师念念不忘。1954年5月，匈牙利数学家杜澜·巴尔（Turán Pál）访华，在上海做学术报告会。苏步青马上想起了自己曾经的学生、在浙大留校任教的董光昌，发函邀请他出席并作报告，留在浙江大学的青年教师们由此获得重要的学术活动消息，带动他们开拓了学术视野。

20世纪50年代初，受苏联影响，数学系使用了一批俄文教科书。但是，精通俄语和数学的人才匮乏，这给大学的日常教学造成了困难，学生们希望有中文教科书使用，教师们也希望有可靠的译文参考。苏步青不辞辛劳，在50岁的年纪从头开始学习俄语。在他深厚专业知识的支撑下，短短的两年时间，就把《解析几何》《几何基础》这两本俄文版的教科书翻译成了中文。

"一曲寒潮明月夜"

1953年和1956年，苏步青先后被任命为复旦大学教务长、副校长，1959年加入中国共产党以后，直到1966年，苏步青先后当选中共复旦大学第二、第五、第六、第七届党委委员，他还是第二、第三届全国人大代表。然而，在这一系列光鲜亮丽的表象背后，一场风暴已在酝酿；数学世界中的短暂平静，不能代替现实世界中的潮流激荡。作为教务长、副校长，苏步青身上的担子并不轻——各种各样的要求、命令、任务，纷至沓来。翻阅苏步青这一阶段发表在重要报纸上的文章，有一些或许会令人觉得"不可思议"。[2] 一生嗜好文史的苏步青，又怎会与中文系学高身正的教授反目成仇呢？然而，个人的偏好与选择，在以历史之名显示出的要求之下终究只是无力的苇草，"历史"不愿放过这个年已"知天命"之人，而他或许也已察觉到了其中的征

---

[1] 李大潜、华宣积：《苏步青与中国微分几何学派》，载《高等数学研究》，2013（2），第1—6页。
[2] 苏步青：《提高警惕，同反革命分子作斗争》，载《人民日报》，1955年6月14日。

兆。大约在20世纪50年代末60年代初，他作《浣溪沙》词云：[1]

> 叠叠绛云淡淡烟，几株风暖玉楼前，尝樱时节忆当年。
> 一曲寒潮明月夜，满江红雨落花天，断肠人在海西边。

词中，"樱"象征了日本，"海"则是指台湾海峡，一个是师长所在，一个是兄长所在。此词于1979年补上的附记中说："数学楼前几株樱花树，被砍忽已八年。从1960年以后，海外消息杳然。"对苏步青来说，再切肤的痛苦也只能默默承受。毕竟，今天写下进攻檄文的，明天也难免不会成为众矢之的。此后的苏步青还将一次又一次地经受这样或那样的"考验"，但是相比于个人的安危，在暴风雨到来的前夜，他更为关心的，实则是中国的数学将再一次面临落后于世界数学进程的危险。

这一担忧很快应验了。在1969年的一次"抄家"过程中，查抄者从书架上取走了苏步青收藏的一本日文数学杂志，还有他自己发表论文的合订本。

> 3天后，我被找去讯问，要我交代问题。我检讨以往有脱离实际搞科研的问题，他们根本不感兴趣，要我拣要害问题交代。我想关也关了，批也批了，还能有更多更严重的问题？突然，讯问者亮出一本日本数学杂志，要我把里通外国的罪行交待清楚。[2]

随后，苏步青被戴上了"卖国贼""反动学术权威"的帽子，在学生宿舍的小楼里关了6个多月禁闭，被批斗100多次。[3] 多年后，茅诚司回忆说："'文革'期间，我也访问过中国。那次最大的遗憾是没有见到苏步青。我知道，不是苏君不想见我，而是他不能够。我心头十分凄凉。"[4]

诸如此类的经历，是无数同时代人共同的时代经验。对于那段"特殊历

---

[1] 周斌武：《读〈苏步青业余诗词钞〉》，载《复旦学报（社会科学版）》，1998（5），第113—117页。
[2] 苏步青：《神奇的符号》，江苏人民出版社，2008，第92—93页。
[3] 殷之俊：《邓小平与苏步青》，载《文章道德仰高风》，第16页。
[4] 刘延州：《异国兄弟情》，载《文汇报》，1984年1月10日。

史时期"里的苏步青,他门下的两位学生、如今也载誉无数的数学家李大潜院士和华宣积教授在《苏步青与中国微分几何学派》一文中作出了如下评述,不可不谓恰如其分:

> 现在回过来看,我们也不能不看到从1957到1976年各种政治运动对学术领域的冲击。……1966年起,苏先生等大批科学家遭到严重的迫害,基础理论研究遭到灭顶之灾,这是众所周知的事实。但回顾历史,对科学家和基础理论研究的极"左"行为早在1957年就已开始。……特别是1958年在全国开展的"拔白旗,插红旗"运动,给知识分子戴上资产阶级的帽子,给基础理论研究贴上唯心主义的标签,造成了严重的摧残。1958年8月20日《人民日报》评论员文章《拔掉教育战线上的白旗》,更是明确鼓吹数学领域中的一些极"左"言论,批判了所谓"具有资产阶级思想的专家"和"理论—理论—理论的唯心主义道路",当时名为教育方针大辩论,实际上使不少科学家在各自的单位受到批判,后来一直心有余悸,无所适从。虽然1960年后又一度提出基础理论研究要"香火不断",但队伍已渐凋零,研究工作难以走出低谷。1962年吹来一阵春风,3月份苏先生从广州参加会议回来,在讨论班上兴奋地说过一段话:"周总理和陈毅同志在广州的科学大会上为大家脱掉了资产阶级知识分子的帽子,称我们是劳动人民的知识分子。从现在起我们要好好干,把基础理论研究搞上去。"但好景不长,各种批判不久又接踵而至,直到"文化大革命"结束。[1]

即便如此,进入人生"后半程"的他,仍在开拓新领域的创业道路上步履不停,在个人的逆境中为学术与国运的繁盛不倦地寻求转机。

---

[1] 李大潜、华宣积:《苏步青与中国微分几何学派》,载《高等数学研究》,2013(2),第1—6页。

成为"应用数学家"

就像晨星与昏星是同一颗星,无论周遭环境如何波诡云谲,苏步青在历史岁月的磨砺中彰显出了不变的爱国本色,为应用数学的发展鞠躬尽瘁,迎来了计算几何学科在中国的黎明。

来自工厂的几何题

到了"文化大革命"末期,顺应中美"破冰"之势,1976年,美国纯粹和应用数学家访华代表团来华访问,他们也参访了复旦大学数学系。苏步青获得允许,会见了这一代表团,并作了题为《船体外形设计中的一些问题》(Some Problems in the Design of Ships)的报告。与他一同做报告的谷超豪,主要讨论了混合型偏微分方程的边界值问题(Boundary Value Problems for Partial Differential Equations of Mixed Type)。在代表团所作的记录中,苏步青代表复旦大学数学系所作的开场白是如此谨小慎微,与他1956年所说的"把带领青年一代向科学进军的光荣任务勇敢地、热情地担当起来",[1] 形成了鲜明的对比:

> "文化大革命"前的学生,关于理论可以讲很多,但无法解决任何实际问题。实际工程中涉及很多数学知识,教师可以从工、农、兵那里学到很多东西。与实践相关的理论是唯一正确的道路。我从

---

[1] 苏步青:《有信心迅速地赶上世界科学先进水平》,载《人民日报》,1956年4月30日。

20世纪20年代开始研究微分几何中的数学。我写了100多篇与实践无关的论文。我不知道什么有用的东西。我所知道的东西无助于实践。现在已经过时了。真正需要的是从一个实际问题开始，深入挖掘，并将理论重新付诸实践。我们的国家不够先进，如果我做这种工作，对我们国家会有一些帮助。想想我们这里老中青三代人的组合吧。年轻人充满活力，我们对未来的希望，包括数学系的未来，都依赖于他们。事实就是如此。像我这样的老人已经太老了，不能再工作了。中年教师有更多的新想法，而对年轻教师，则应该帮助他们。像我这样的老教师，也不能说完全没用，我们还有一些能力。通过与年轻和中年教师合作，我可以在科学研究中发挥一小部分作用。在过去，我脱离了实践，脱离了工、农、兵队伍，也和中青年教师相脱离了。在过去的3到4年里，我参加了"开门办学"，并依靠工人和年轻中学教师做了一些数学工作。简而言之，即使我已经很老了，我仍必须积极学习并不断重塑我的工作。[1]

而代表团从中得出的结论则是："以苏步青为首的经典微分几何学派，由于它的成员成为应用数学家而消失了。"毫不意外，他们把在复旦听取的所有8个报告（包括7位教师、1位学生）都归在应用数学的范围中了。在这些数学家的眼中，研究理论"大"问题的数学家转而投身专攻各种"小"事的应用数学，是颇为可惜的一件事。然而，正是在理论研究备受挫折的年代，苏步青却发现了新的发展机遇。可以说，成为"应用数学家"，正是这位当时已近古稀之年的数学家新身份的标志。

与许多那一时代的亲历者一样，20世纪60年代末到70年代初对苏步青而言是一段艰难的日子。从1972年10月到1975年的3年时间里，苏步青每天早上5点就要起床，先乘3路有轨电车到虹口公园，再转18路无轨电车到江南造船厂正门口，用一个多小时的时间穿越大半个上海，去船厂接受"批判、改造和再教育"。而所有这些，相比于他此前遭受的抄家、农田劳动，都已算

---

[1] Anne Fitzgerald, Saunders Mac Lane. Pure and Applied Mathematics in the People's Republic of China: A Trip Report of the American Pure and Applied Mathematics Delegation. National Academy of Sciences: 95.

得上是优待了。在时任复旦大学数学系教师罗文化的保护下，恢复了极少部分待遇的苏步青得以通过这种方式，避免不堪重负的体力劳动和不堪其辱的挨批挨斗。[1]

在工厂车间，苏步青每天按时到厂，从不迟到；在食堂，他和工人一起排长队；在工厂组织的大小会议中，他是理所当然的批斗对象。厂区道路的两旁堆满了钢板和钢筋，头顶许多吊车正在运转，悬臂钩起的重物就在人们的头上转动。路上，钢铁垃圾和钢轨，横七竖八地摆放着，再加上来来往往的卡车和自行车不时穿梭而过。这对年轻人都可谓是"行路难"，何况是对一名老者。偏偏那几年，苏步青患上了颈椎肥大的毛病，神经受到压迫，手经常麻木，也没有得到好的治疗。对此，苏步青在诗里自嘲去江南造船厂宛如"下海捕鲸"：

> 行年七十二，挂挤大洋城。
> 乡杖非所愿，蜗居了我生？
> 看花须走马，下海为捕鲸。
> 东望迢迢日，空夸腰脚轻。

时任东京大学校长的茅诚司给他发来了春节度假邀请，然而苏步青纵然健步如飞，也不可能去得成了。

沉下去，开创新的事业！人虽然坐在工厂车间里的"冷板凳"上，思考的头脑却并没有停止过。和工人们熟悉起来之后，苏步青逐渐获得了他们的尊重。在他们的要求下，苏步青用现编的"趣闻逸事"，寓教于乐地给他们讲解一些数学小知识。后来，在工人和技术员的要求下，苏步青就利用零散时间上数学课。可是，善于观察学生反应的苏步青发现，抽象的数学知识并不能让工人们满意，他们迫切需要一些和实践紧密相关的知识。这位研究理论"大"问题的数学家开始将自己的才智倾注到了应用型的"小"难题上。他在船厂的这段经历，成为新事业的一个起点。

---

[1] 华宣积：《苏步青下江南》，载《文章道德仰高风》，第151页。

位于市区南部的江南造船厂，是清末江南制造总局的所在地。最初于1865年在上海虹口成立，随后向南搬迁至高昌庙（今制造局路、局门路一带），是清朝洋务运动中成立的军事生产机构。作为晚清中国最重要的军工厂，也是近代最早的新式工厂之一，它的名字和曾国藩、李鸿章、丁日昌这些人物紧密相关，和沉疴深重的晚清捆绑在一起，也和民族的屈辱与复兴的渴望联系在一起。这样一段沉重的历史，使它在重工业主导的建设时期肩负着责无旁贷的使命。它制造了中国的第一炉钢铁、第一门钢炮、第一艘铁甲兵轮，1953年更名为江南造船厂后，又制造了中国第一艘万吨远洋货轮、第一台万吨水压机。

但在那些彩旗飘扬的成绩背后，江南造船厂也有绕不开的现实困境。随着船舶构造的日益复杂，20世纪70年代初，船体放样问题给这家历史悠久的造船厂带来了很大困扰。所谓放样，就是把设计图纸变成生产工人据以施工的样板，只有通过它们，才能最终真正造出一艘船来。因为在图纸上，设计师们考虑的是船体的剖面；但真正的船体，则是由铁板一块块弯曲成合适的形状拼接起来的。为完成从平面到立体的转化过程，工人们需要把初步设计好的船体表面的三向剖线（横剖线、水线和纵剖线）画在地板上，再用木样条画曲线，不时地跑来跑去，用眼睛观察这些曲线好不好，再进行光顺处理。光顺好剖线，往往需要几个月的时间，而且还要耗费大量物料，工人体力消耗也很大。

当然，这是一个几何学问题，数学方法在当时也已得到部分的应用。但对于大船，特别是船艏或船艉较复杂的船型，那些相对简单的数学方法就不能应付了，往往还是需要大量的人力劳动来完成。苏步青和几位年轻的数学系教师就想办法，试图从数学上给出更加方便的解决方案。这样，苏步青在江南造船厂短暂的授课，就为更贴近生产需要的船体放样中的数学问题研究所代替。他不顾自己年岁见长，却感慨于工人们的辛劳："应该尽快用先进的科学技术为他们减轻劳动强度，提高工作效率。"[1]

---

[1] 华宣积：《苏步青下江南》，载《文章道德仰高风》，第152页。

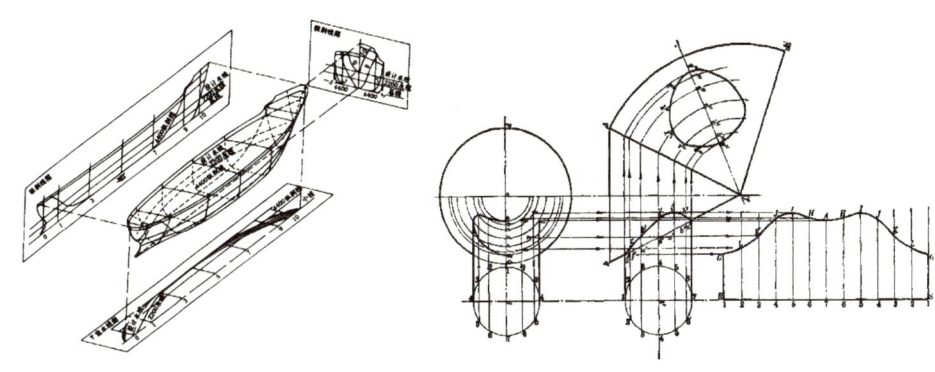

图22 左：船体放样示意[1]；右：苏步青参与的《船体放样》一书中的插图[2]

在造船工业中，经常遇到切线变化很大的大挠度曲线、空间曲线和曲面。为解决它们所带来的种种问题，苏步青提出从参数曲线和参数曲面着手的主导思想。一方面，他组织青年教师和江南造船厂的师傅协作，一起研究参数曲线与参数曲面的光顺方法；另一方面，他还想办法搜罗当时能找到的国外文献，集中精力进行研究，结合理论视角进行分析。即便是突发脑血栓症，苏步青仍心心念念船体放样的数学问题。当教师、技术员和工人们前去病房探望他时，苏步青拿出的却是床头写得密密麻麻的笔记本：那是用工整的字迹写成的一厚本译稿，还有若干笔记。按照他的嘱托，译稿本中的好些文章，参照笔记重新整理、提炼，编选成了《样条拟合译文选》，在江南造船厂内油印并安排学习。而在苏步青当时选出的4篇重要国外文献中，就包括了现在计算机图形学和计算机辅助设计系统中经典的B样条德布尔-考克斯算法。

在他的指导下，研究船体放样问题的课题小组从中吸取了很多想法，对船体数学放样中需要的样条曲线、样条曲面都进行了必要的研究，并转化为具体的算法，编制成计算机程序进行试验，工人、技术人员再和数学家们一起按实际情况进行完善和修正。几方合力之下，终于形成了颇具特色的"船体数学放样的基样条法"。这项"船体数学放样"项目很快获得了全国科学大会奖。就这样，"船体数学放样"为江南造船厂创造了经济效

---

[1] 应长春：《船舶工艺技术》，上海交通大学出版社，2013，第249页。
[2] 上海市造船局编写组：《船体放样》，上海科学技术出版社，1978，第14页。

益,还将数学的种子播撒到更多普通工人的心头,让苏步青和他们结下了忘年之交。[1]

苏步青能在逆境中转向应用数学研究,敏锐察觉机遇并加以把握,决不是出于心血来潮或空穴来风。虽然身为理论数学家,但他对应用数学一直牵挂在心,而积极开展应用型的教学和研究,更是他学科管理工作的重心。早在1956年刚刚担任复旦大学副校长职务之时,苏步青就大力宣扬"高校的科学研究必须密切结合实际"的观点,将现代科学,特别是数学中新的分支的发展,和生产上重大的新发展、现代技术的新成就相联系,通过加强学校的科研工作来服务于社会主义建设。他组织复旦大学数学系高年级学生根据教育计划的规定,定期到业务部门、生产单位参加生产劳动,协助解决生产中的数学问题;对于教师,提出参加科学研究的具体要求,要求他们不仅要按计划讲透课程内容,还要体现理论联系实际的精神。上海汽轮机厂、上海鼓风机厂、上海矿山机械厂、上海光学仪器厂等工厂中,常常出现复旦数学系师生的身影,1973年,苏步青还到上海工具厂讲过课。

图23 苏步青在上海工具厂(摄于1973年)

---

[1] 谢鸣璋:《回忆与苏步青先生共事的日子》,永嘉政协网,http://zx.yj.gov.cn/art/2014/11/28/art_1339831_7798184.html。

八 成为"应用数学家"

图 24 苏步青（左二）与忻元龙、舒五昌、刘鼎元在江南造船厂（摄于 1977 年）

奠基计算几何学科

在船体放样问题上取得成功之后，苏步青并没有止步。粉碎"四人帮"的喜讯传来，教学秩序逐渐恢复，苏步青一刻也不停歇地追踪新进展，并将目光瞄准先进的计算机技术。他从高度的学术敏感性出发，将船体放样的相关研究提高到"计算几何"的学科层面。诚如他自己所总结的那样："造船工业的船体数学放样系统及航空工业的飞机数模系统的开发，是我国计算几何应用研究的起步点，并由此推动了计算几何的理论研究，建立和发展了我国的计算几何研究队伍。"[1]

所谓的"计算几何"，研究的核心是"对几何外形信息的计算机表示、分析和综合"。这一学科于 1971 年由英国的福雷斯特（A. R. Forrest）提出之后，人们就对曲线和曲面的情况展开过一些研究。[2] 例如在汽车工业中，需要将测定的几个关键点用一条平滑的曲线连接起来，这被称为曲线拟合问题，它也是 CAD（计算机辅助设计）的基础。1978 年，苏步青在上海市数学会年会上作了题为"几何外形设计理论及应用"的大会报告，这一报告宣告

---

[1] 苏步青、刘鼎元：《迅速发展中的计算几何学》，载《苏步青文选》，浙江科学技术出版社，1991，第 41—49 页。
[2] A. R. Forrest. Computational Geometry. Proceedings of the Royal Society of London. Series A, Mathematical and Physical Sciences 1971, 321 (1545): 187–195.

了"计算几何"在中国的诞生。同年，苏步青和夏道行应邀在东京大学数学系举行的座谈会上作了学术报告，苏步青的报告题为《计算几何中仿射不变量论》。他和团队的成果达到了国际水平，也引起了东京大学教授和学者兴趣。[1]

科研和应用都十分需要计算几何，可是当时在国际上，相关的著作却十分稀少，只有在1979年出版的一本面向工程师的《设计与制造中的计算几何》(Computational Geometry for Design and Manufacture)，缺乏成系统的著作，还有许多领域留待探索。针对这一现状，苏步青以近80岁的高龄与刘鼎元共同撰写了《计算几何》一书。这部兼顾普及性和前沿性的专业书籍，既涵盖了到1980年为止国际上关于计算几何的理论、方法和应用的综合介绍，也包括了复旦大学数学系富有原创性的研究结果，数学系师生、科技人员和工程师都可使用。它于1981年出版，一时间洛阳纸贵，学术界和工程界都争相阅读，《计算几何》借着CAD技术迅速发展的东风，成为许多人期盼已久的专业指导用书。8年后又由中国科技大学常庚哲教授译成英文出版，在国内外产生了广泛影响，还荣获首届"全国优秀科技图书奖"。

作为这门新兴学科在中国的领导者，苏步青进一步运用自己擅长的仿射几何学理论，对工业生产中的几何问题加以研究。苏步青在垂暮之年几经挫折之后，人们仍见证到他源源不断的创造力——他不甘于成为一颗日薄西山的昏星，而想成为一颗宣告黎明的晨星。他的身影又忙碌了起来：1980年5月，苏步青在上海主持召开了第一届国家教委直属高等院校应用数学学术和工作会议；1982年1月，在他的牵头组织下，全国计算几何协作组成立。浙江大学、山东大学、中国科学技术大学、中国科学院数学所和复旦大学等单位参加，每两年举行一次计算几何的学术会议和学习班。这些会议和学习班，为我国计算机辅助设计和制造方面的高科技项目提供了理论和方法，并培养了一批兼通理论与应用的人才，他们后来都成为国家研发"重点行业CAD软件"的骨干力量。这其中，苏步青亲自带领的复旦团队，得出了两片参数曲面片一阶几何光滑连接的充分必要条件。这项成果让汽车工业可以根

---

[1] 见《友好往来》，载《人民日报》，1979年6月10日。

据不同的需要从容选择，给素以擅长汽车制造而闻名的德国专家留下了深刻印象。

计算几何方面富有实际应用价值的理论结果，使团队成员在国际上获得学术同行和工业界的高度评价，提升了中国数学，特别是应用数学在世界数学版图中的地位。苏步青曾说：纯粹数学"与应用研究结合起来，就在工程技术上用上了。我们朝这个方向发展，可以创造出我国自己的特色来"。1989和1990年，同样是在苏步青的指导和关心下，上海市工业与应用数学学会、全国工业与应用数学学会（CSIAM）相继成立，计算几何协作组也成为CSIAM下的"几何设计与计算"专业委员会。苏步青领导下的数学教育，与工业生产的联系更加紧密了。1985年2月，由苏步青和谷超豪策划，复旦大学数学系又作出一系列制度安排和调整，成立了上海应用数学咨询开发中心，由李大潜任主任。这一中心兼具学术交流和普及的功能，促使大学研究和工业项目应用开发结合起来。在中心协作下，数学系完成了一系列具有直接经济效益、获得社会好评的工作。

在苏步青的带领下，人才梯队和学术团体纷然建立起来。从20世纪60年代末直到90年代，跨越不同历史时期、克服重重阻碍，尽力创造条件而完成的工作，不仅获得了两项国家科技进步奖，而且为我国造船工业中的船体放样、航空工业中的涡轮叶片空间造型以及有关的外形设计等作出了卓越贡献。复旦大学计算几何和CAD研究组，通过上海应用数学咨询开发中心，与其他高校和工业部门合作，创造了骄人的成绩——大到飞机、轮船，小到珠宝首饰，到处可见计算几何大展身手。作为大学的一个研究小组，计算几何和CAD的应用领域覆盖了如此广泛的领域，达到了工业应用标准的要求，而且在功能模块上都含有理论创新的成果，这种成就是举世罕见的。[1]

CAD技术的进步和普及，也让数学工作者们深入到应用第一线，从而能够在每个具体的工业应用项目中，挖掘出计算几何理论中重要的研究课题。因此，苏步青的治学思想与教学方法，随着他转向应用数学的领域，产生了更为广泛，也更为深刻的影响。晚年的苏步青常常说"数学要有应用"，"应

---

[1] 刘鼎元：《苏步青先生对计算几何和CAD事业的贡献》，载《文章道德仰高风》，第168页。

用数学要面向国民经济,要创造价值";这是一位从贫乏困顿中成长起来的长者,在岁月经历中凝练出的灼见。"站在第一线,你就会明白工业界迫切需要解决什么问题。它们之中,哪些是头等重要的、最最关键的、最最迫切的;哪些是第二线的,无足轻重的;还有哪些只是有理论上的兴趣价值。"[1] 这些思想与方法引导和激励着后来人,为他们指点着前进的方向。

苏步青遥想到杨霁朝老师当年那多少有些功利色彩的"学数学",潜移默化地转变为对数学自身的热爱;而对工程应用和实际事务的关心也从未消泯。在晚年,这种关心又以应用数学的形式再现,这其中不变的是他求学报国的初心。与此同时,应用数学不仅给苏步青带来了报国的良机,也为中国数学在世界舞台上赢得了一席之地,中国的计算几何逐渐成长为一个在国际上有特色的学科。

苏步青以自己独到的学术远见在计算几何领域作出的贡献,让中国数学不再是世界数学中亦步亦趋的追随者,其以差异化的竞争策略形成了自身特色。正是为了纪念苏步青对应用数学领域作出的贡献,国际工业与应用数学联合会(ICIAM)于2003年8月设立了"ICIAM苏步青奖",奖励在数学对发展中国家经济腾飞和人类发展的应用方面作出贡献的个人,每4年颁发一届。[2] 这是国际工业与应用数学联合会设立的第五个奖项,也是第一个以中国科学家名字命名的国际数学大奖。就像晨星、昏星都是金星,无论周遭环境如何波诡云谲,苏步青仍然是苏步青,在历史岁月的磨砺中彰显出不变的爱国本色。

---

[1] 刘鼎元:《苏步青先生对计算几何和CAD事业的贡献》,载《文章道德仰高风》,第168页。
[2] 2007年的获奖者是美国数学家Gilbert Strang,以奖励其"对发展中国家数学研究和教育推动";2011年该奖授予了博茨瓦纳的数学家Edward Lungu,奖励其"对非洲相关问题的数学建模";2015年该奖授予了李大潜院士。2019年该奖的评审主席是新加坡国立大学的沈佐伟教授。参见ICIAM网站。

九

传薪的火炬

从世界的大门打开,到有实力为世界数学搭起舞台,苏步青用自己跨越世纪的人生,写就了一部中国数学走向世界的史诗,铸就了世界数学与中国密不可分的情缘。

成为复旦校长

1978年4月,苏步青正式获得任命,成为复旦大学校长。"把复旦大学办成能反映我国科学文化先进水平的国内第一流大学,为国家培养更多优秀的专门人才",这是20世纪70年代末苏步青的新抱负。他热心与青年交流,了解年轻人的想法,向他们传授人生的经验;他深入校园管理的每一个细节,厉行节约,弘扬艰苦奋斗的作风。而在大局层面,苏步青为恢复教学秩序、提升办学水平开始努力。1977年10月,在北京召开的第一次教育科技座谈会上,当时尚未正式平反的苏步青就以教育界知名人士的身份获邀作为代表参加。会上,他首先向邓小平汇报了"四人帮"对教育科技事业的破坏,坦陈了自己对教育界的拨乱反正的看法。听到苏步青辛苦创办的复旦大学数学研究所在"文化大革命"初期就被砸烂,许多人才流失,科研工作陷于停滞,邓小平同志在会上当即表示:"叫他们统统回来。"

同样也是在这次会议上,苏步青还以非凡的远见和勇气向党中央建议恢复研究生制度。从他自己收到的60多位爱好数学的青年寄来的论文中,苏步青发现了其中十几位颇具数学才能,可以作为研究生培养。邓小平又对一旁的教育部负责人说:"你通知这十几位青年,让他们到苏步青同志那里考研究

图25　苏步青在复旦大学为数学系学生授课

生,来回路费由国家负担。"苏步青还谈到了学术出版的滞后:"按现在的出版速度,(已有的成果)到1990年也登不完。"邓小平同志听后,当即说:"学术刊物要办起来。要解决一下科研、教育方面的出版印刷问题,并把它列入国家计划。""有价值的学术论文、刊物一定要保证印刷出版。现在有的著作按目前的出版情况,要许多年才能印出来,这样就把自己困死了。"[1]

在邓小平同志的支持下,苏步青向各个部门打报告,终于设法让复旦数学系和数学研究所恢复了往日的神采,他提出的建议也纷纷得到了采用。正式当上校长之后,面对百废待兴的局面,苏步青首先在学校教学上推行改革,并以身作则,提倡教授要为本科生上基础课,以加强基础课的教学。苏步青还推动了大学课程的教材编写工作,鼓励广泛开设选修课。面对"文革"所造成的学术断层,他还特别重视对中青年教师的培养,要求各学科都

---

[1] 苏步青:《理想·学习·生活》,人民教育出版社,1985,第54页。

能形成教师梯队。后来担任复旦大学校长的杨福家院士对此称赞说:"像苏老这样有名望的数学家一贯倡导名教授讲基础课,并身体力行地走上教学第一线,为我们广大教师树立了榜样。苏老学术精湛,治学严谨,讲究教学方法,鼓励学生追求卓越,一代超过一代的观点,被称为'苏步青效应'。这些宝贵经验和做法,值得我们在新时期认真学习,发扬光大。"[1]

在课程方面,颇有意思的是,这位做了一辈子"数形结合"的几何学家,在晚年还提出了"文理结合"的办学思想。在作为复旦大学校长参加上海市有关会议时,他发言说:"如果允许复旦大学单独招生,我的意见是第一堂先考语文,考后就判卷子。不合格的,以下的功课就不要考了。语文你都不行,别的是学不通的。"这被报道会议的记者总结为"语文是成材的第一要素"。他又再三在报上刊登文章,强调理工科学生应该学习文史知识:

> 首先可以扩大视野,避免思想的僵化。在埋头做数学的同时,也要抬头看看世界的风云,了解当代科学技术的发展。这有助于扩大知识面,使头脑开阔、灵活,变得更加聪明起来。马克思主义的哲学,是指导思维的科学,对数学研究同样有重要的指导作用,可以使我们的脑筋开窍。董仲舒"三年闭户,不窥庭院"的办法,是绝对不行的。同时,文字与语言的表达能力,包括外文的修养,对进行研究工作、总结研究成果及进行学术交流都起到直接的作用,决不可低估。此外,还可以调节身心,使生活充满情趣。一天到晚愁眉苦脸,是搞不好科研的,更不可能有别开生面的见地。空闲下来,做一两首打油诗,给生活添加一些润滑剂,又何乐而不为呢?![2]

后来在参政议政中,苏步青还进一步提出:"我们的教学科研,范围太

---

[1] 刘军:《学术精湛治学严谨 著名数学家苏步青执教70周年庆祝会在沪举行》,载《人民日报》,1997年9月21日。
[2] 苏步青、李大潜:《苏步青教授谈治学》,载《文章道德仰高风》,第150页。

窄,基础太窄,急于求成,专业分得过早过细,学经济的不懂数学,学数学的不懂经济,这怎么行?现在搞科研,需要多方面的知识,自然科学同社会科学分不开,每门自然科学之间也是互相渗透的。因此,我们的大学教育应当把学生的知识面拓宽一些,大学一、二年级不要分专业,到三、四年级再说。"[1] 今天在复旦大学建立已久的通识教育,也有很大一部分受惠于这一观念。

作为科研前辈,对于青年学者,苏步青也持续地为他们创造机会,让他们得以走出国门,了解世界数学的最新进展。其中首屈一指的,仍要数现已成为中科院院士的李大潜教授。至今他还谨记临行前老师对他的殷殷嘱托:

> 我准备从北京飞往巴黎,老师也恰在北京开会,住在友谊宾馆。他主动提出利用会议的休假日带我游北海公园,为我送行。冬日的北海并没有太多的诗情画意,但我们却玩得很开心。我们一齐登上白塔远眺北京城内的景色,还拍了不少照片。我虽然是老师比较亲近的学生,但享受这样的待遇还是第一次,心情十分激动,彻夜难眠,情不自禁凑成一首七律,第二天送老师斧正。意想不到的是他也专门写了一首七律赠我,使我倍感兴奋和亲切。[2]

1979到1981年,李大潜在法国巴黎法兰西学院做访问学者,法国科学院院士里翁斯是他的合作导师。[3] 里翁斯的学术成就与治学风格给李大潜以很深的启迪,但他并没有因法国的数学研究条件而动摇自己的信念。苏步青的殷切期望与教导,他一直铭记在心,因而在学成之后,立即就回到了复旦。回想起第一次来到巴黎,所见到的"琳琅满目,美不胜收"的数学美景,李大潜对那段搭乘地铁穿梭于巴黎的各个高等学府汲取数学养分的日子感恩在

---

[1] 刘学渊:《企盼振兴教育振兴祖国——访七届人大代表、七届政协委员苏步青》,载《人民日报》,1988年3月27日。
[2] 李大潜:《师恩师德催我奋进》,载《群言》,2003(6),第30—32页。
[3] Jacques-Louis Lions(1928—2001),擅长数值模拟,创建了法国当代的应用数学学派,曾参与法国的太空计划,对能源和环境等领域的数学应用也多有涉猎。他曾被任命为法国国家空间研究中心(CNES)主任和法国科学院院长。里翁斯发表了400多篇科学论文,讨论数学分析和数值方法的文章总计长达4000页。

图26　苏步青与谷超豪、胡和生、李大潜在法国访问

心:"当时在巴黎,那个年代最著名的数学大师基本上我都见过了,他们的成就各有千秋,要评断高低其实很难。可是,他们每个人的风格是怎样的,特长是什么,学术品位如何,对于研究问题是怎样切入的……这是我过去在国内很少能够接触到的。除了表面上的热闹,在这样的氛围里长期熏陶,自己也会受到影响。改革开放,世界的大门打开了,我在那个时候走了出去,走到了世界上最活跃的数学的中心去。要是没有这段经历,我不大可能有这么广阔的视野。"[1]

在苏步青的领导下,复旦大学还有更多的青年学者,就像李大潜一样,得以在当时的条件下获得机会,出国深造,与世界学术同行们更顺畅地交流。这种交流带来的影响是深远的,它让更多的学者得以开阔眼界,在跨越文化和地域的环境中得到熏陶,从而在面对各类问题的时候,能够在研究高度和广度上都有所提升,得到别具一格的理解和看法。

1980年,当时的国家教委(即今教育部)委托复旦大学主办一份面向国

---

[1] 雷册渊:《一位数学院士的两个40年——专访复旦大学数学科学学院教授李大潜》,载《解放日报》,2018年6月1日。

内外的综合性数学刊物。以此为契机，苏步青即在数学系创办了中英双语的《数学年刊》，向世界传播中国当代数学进展。在《数学年刊》的《创刊词》中，他写道："多年来，我国数学界的同志们迫切希望能多办一些数学刊物，使具有创造性的数学论文发表得既多又快，使我国数学工作者的优秀成果，能够抢时间，争速度地在世界上涌现。"[1]《数学年刊》的诞生就出自这个愿望，而这也正延续了《中国数学会学报》当年得以产生的缘由。在苏步青的主持下，《数学年刊》每两年开一次编委会。除编辑事务外，更互相交流，共谋中国数学发展的大事。编委会会议的召开，成为复旦数学系师生的学术盛宴。这也就使得《数学年刊》具有很高的学术水准，它成为国内列入"科学引文索引"（SCI）中的唯一一本纯数学期刊。[2]

我们不难从苏步青作为复旦校长所推行的种种举措中，发现竺可桢治理浙江大学时的经验与举措。校长亲自上课、强调文理兼通、拓宽知识领域，这些恰好是竺可桢任浙大校长时所一贯主张的"加强基础课教学，要求一流的教师担任教学；鼓励学生跨院系选修课程，沟通文理；鼓励院系建立主辅修制度，拓宽学生的知识领域……"。[3] 至于推行讨论班、创办《数学年刊》，如此种种，也不难从中看到林鹤一等老师的影子。可见，苏步青在家乡、在日本接受的教育，在杭州参与的教育，在访学途中观察的教育，历经岁月而形成了奇妙的化学反应，从而为他在上海主导的教育提供了指南——在苏步青的身上，凝结着几代教育家、名校长共同的经验传承。他受教于东北帝国大学数学系，受恩于姜立夫、陈建功，由此养成的认真扎实的作风和提携后辈的师者风范，也都已经通过一言一行，深深地镌刻在复旦的历史脉络之中。

推动学位制度

"卿云烂兮，纠缦缦兮。日月光华，旦复旦兮。"《卿云歌》这首古诗，是

---

[1] 苏步青：《创刊词》，载《数学年刊》，1980（1），第3—4页。
[2] 期刊影响因子为0.362（2016年，B辑）。
[3] 秦大河主编：《纪念竺可桢先生诞辰120周年文集》，气象出版社，2010，第12页。

"复旦"校名之出典。从正门进入复旦大学的校园,在右手边曦园的东头竖立着一座亭台,它的名字正是卿云亭。亭中的白壁上,刻着一首七律:"超然此地一亭台,缦缦卿云复旦来。……"这是苏步青于1984年所作。这一年,他已离开了校长的岗位。步入晚年之后的苏步青,创造性的工作虽然不得不减少了,他的影响力却丝毫未减。苏步青将自己与日俱增的影响力,用在培养学生、发展学校、推动科研上,用在为了后来人、为了明天的教育事业上。他的建言献策,他的谋篇布局,将一种无形的个人名望转换为有目共睹的公共利益,让更多的后人蒙受恩惠。

还在担任复旦大学校长的时候,苏步青就提出要"瞄准现代数学的国际先进水平,对我们原有较好的基础分支,'三年恢复,五年赶超',十年内在这些学科的某些方向作出国际先进水平的成果,并解决一些在国民经济、国防、尖端技术发展中急需的重大数学问题"[1]。而加速人才培养,需要建立配套的制度保障,这就不是单凭一所学校能够完成的了。党的十一届三中全会之后,科学教育事业迎来了春天。在中国科学院成立三十周年的纪念会上,邓小平明确了要建立学位制度,这也让一直关心研究生教育的苏步青备感振奋。

早在民国时期,我国就曾经颁发过硕士学位,苏步青与陈建功在浙大也都培养过硕士研究生。然而,直到1981年,中国从未有过自己培养的博士。1954至1957年,1961至1964年,都曾进行了大量的工作,试图建立完善的学位制度,进行博士研究生的培养。但由于种种原因,最终都不得不半途而废。1965年7月,周总理还向当时的高等教育部作了专门指示,要求对在我国大学本科毕业的外国留学生发给学位证书,这可能是1979年以前距离我国建立学位制度最近的一次努力。高教部根据这一指示,于1966年拟订了《关于授予外国留学生学位试行办法》,但也没有来得及执行。改革开放以后恢复高考制度,出于教育制度建设与国际"接轨"的需要,建立学位制度最终成为一项共识,被认为在促进我国教育和科学事业发展、加速高级专门人才成长等方面起到重要的推动作用。

---

[1] 王增藩:《将来博士几门生——记复旦大学苏步青院士》,载《上海研究生教育改革发展20年·成果篇》,上海交通大学出版社,1999,第99页。

经过复杂的准备工作，在杨秀峰和苏步青的鼎力支持下，[1]1980年2月，《中华人民共和国学位条例》获得通过，并于第二年起正式施行。这标志着我国正式开始培养自己的博士研究生。对此，人们称之为"中国教育史和科技发展史上的一件大事，是我国解放以后的创举"。[2]在12月批准成立的国务院学位委员会中，苏步青出任委员。苏步青高瞻远瞩，在恢复研究生教育、建立学位制度之初就提出："硕士研究生的培养，既要使之具有比较专门的一个方面的知识，又要使之注意到其他有关领域的一般知识，免得硕士研究生将来钻进牛角尖里而不能自拔。我建议，今后大学各系的课程可不分专业，基础课之外还要着重选读有关系的基础课，而且当硕士研究生的，必须搞应用科学的一些课题，有利于将来毕业后更好地直接为现代化建设服务。""对于博士生的要求就更高了。写出的论文要有更多、更高的创造性，还要求他们具备深厚的基础科学知识去解决广泛范围的应用科学课题的能力。博士研究生至少要掌握两门外语，既能阅读也能写作，对浏览国外多种主要科学论文和新著作，要如同读中文一样顺畅。这样，一方面从这些资料中吸收养分来丰富知识，另一方面养成独立思考的能力，对这些成果能够提出评价。"[3]

1981年7月下旬，国务院学位委员会在北京召开了学科评议组第一次会议，评选出了我国第一批博士、硕士学位授权单位和学科点。苏步青对来访的记者信心满满地表示，学位制度肯定会成功的，"10年后可以鉴定嘛！"

自从50年前我从日本拿到理学博士学位起，就一直盼着我们的科学研究能在中国的树上开花结果。现在，这个愿望实现了。一个人在学术上真正出成果、有作为，大都是在青年时代。年轻人框框少，记忆力强，接受能力强。……这几年来，教育战线出现了空前

---

[1] 杨秀峰（1897—1983），河北唐山人，教育家，法学家。历任河北省人民政府主席，高等教育部、教育部部长，最高人民法院院长等职。
[2] 见蒋南翔：《关于学位工作和加强学校思想政治教育工作的报告》，载《中华人民共和国全国人民代表大会常务委员会公报》，1981（3）。
[3] 王增藩：《苏步青关于高等教育的理论与实践》，载《中国高教研究》，2001（6），第21—24页。

的好形势，青年人追求理想，热爱科学，校园里一片琅琅读书声。今天我们搞的学位制，实际上是青年的事业，是为青年参加"四化"建设开拓道路。我们的学位既不是唾手可得，也不是高不可攀，千里之行，总要始于足下。听说今年报考研究生的青年很多，有不少都只有20多岁，我们非常欣慰。欢迎更多的青年能够争取到学位，为振兴中华做出更多的贡献。我现在还在带研究生，我这个摊头摆了50多年了，这次到会的学者中就有我的研究生。看来，我的摊头还要继续为青年摆下去哩！[1]

"摊头"是可以摆起来了，可是，要开展高层次的教学工作，还需要有配套的经费。在当时，国家的经济水平还有待改善，正是苏步青的名望为科研经费的加速落实提供了转机。在1981年8月2日隆重举行的学科评议组会议闭幕式上，他走向主席台，向前来出席会议的时任国务院总理面呈了103位教授的联名信。信中写道："'四人帮'摧残教育事业，堵塞了高校的科研拨款渠道，因此十余年来，高等学校作为我国科学技术的一个重要方面军，却始终没有在国家科研事业费中得到应有的'基本口粮'。……现在学位研究生的授权单位已经通过，而研究生的培养必须结合科研工作，高校缺少科研经费，也必然要影响到研究生的培养质量。因此，我们恳切地希望尽快恢复高校科研经费在国家科研事业费中的拨款渠道。"信中提出了两点要求："一、恢复1965年中央批准的渠道，在国家科学事业费中列入高校科研经费的科目，逐年拨给教育部。主要用于重点高等学校的重点学科发展上，考虑到目前我国经济还较困难，所拨经费可大体相当于科学院的1/2。二、继续在各高等学校经费中保留'科研经费'科目，作为高校中一般科研工作的日常开支。"[2] 提出如此尖锐的问题和具体的要求，是很需要勇气的；但从中也可见得，这些教授们要求解决高等学校科研经费问题的心情是何等迫切。经过多个部门的讨论与筹措，这封沉甸甸的联名信终于赶在年末得到了回应。

[1] 朱建：《学位制实际是青年的事业——访苏步青教授》，载《中国青年报》，1981年8月4日。
[2] 苏步青等：《103位教授联名写给中央领导同志要求解决高等学校科研经费问题的信》。

在就物质条件据理力争、寻求"开源"的同时,苏步青也不忘抓学生的思想教育,培养他们读书报国、勤俭节约的意识。在1982年同研究生谈心时,他谆谆教导同学们不要忘记艰苦朴素的研究传统:"当年我出国留学十分艰苦,是靠自己当兼职教师、做图书管理员的一点收入维持学习的;现在你们进学校全部费用都由国家包下来,这是多么不容易啊!我留学日本回国后,在浙江大学任教,学校图书资料奇缺,就靠陈建功教授和我写的论文,拿点稿费订阅杂志;现在复旦数学系图书资料室的图书杂志由解放初的几千册增到六万册,在国内外都有点名气。你们要牢记我们的祖国今天还很穷,花费这么多的资财来培养你们,是对你们寄以很大希望的,你们一定要好好为振兴中华出力。"[1]对于当时的学生们来说,苏步青自己的经历本身就是一本无形的"教科书"。他的举手投足中,浸润了那个患难年代成长起来的中国人对国家与民族兴亡的责任感和使命感,浸润了筚路蓝缕创业的艰辛印记。

推动基础科学研究步入正轨

1983年5月27日,层层遴选出的首批18位博士研究生在人民大会堂获颁博士学位证书。当被问及"我们国家培养的博士,水平和国际上比起来怎么样"时,自己也担任导师的谷超豪坚定地回答:"可以达到国际水平。"然而,在场的苏步青却提了个当时无人明白的问题:"以后那么多博士怎么办?"这个问题,直到30多年后的今天才被人理解。一方面,根据国家统计局的统计,从1995到2017年,全国博士研究生毕业人数逐年增加,目前每年招收8万多,毕业5万至6万名博士。数量上的增长带来了更多关于博士生质量的担忧,而某些公众人物的学历造假、论文造假的丑闻亦频频见诸报端,更进一步坐实了此类担忧。另一方面,博士生导师成了不少人口中的"老板",潜心研究、认真指导的反而成了"稀有物种"。有的学生攻读博士,不过是为了寻求工作的机会,或者仅仅是为

---

[1] 王增藩:《将来博士几门生——记复旦大学苏步青院士》,载《上海研究生教育改革发展20年·成果篇》,上海交通大学出版社,1999,第100页。

了博士所象征的荣誉，从而为自己争得"脸上有光"，好在日后获得更多的晋升机会。"博士"增加了，知识的积累与创新却仍任重道远。在博士制度建立之始提出的"苏步青之问"，不仅是苏步青远见的体现，更是对社会敲响的警钟。

  正是出于这样一种责任感和使命感，苏步青对待学生总是格外认真。从1978年起，他在复旦大学数学研究所同时招收基础数学和应用数学两个专业的研究生，共培养了15名博士，其中基础数学专业微分几何方向6名，应用数学专业计算几何方向9名。教学是如何与他繁忙的公务、社会活动相衔接的？苏步青常把时间比作一块布："如果有整匹布做衣服自然最好，否则就用零头布拼起来做。没有整段的时间，我就利用出差途中、开会间隙种种零碎的时间看书、研究，这就是我的零头布。当然，我也很重视假期中的一整段时间，将零头布拼接起来，集中做一些事。我的好多著作及论文就是这样完成的。"[1] 如李大潜所回忆的那样，苏步青尽管公务缠身，"可他无论如何每天都会坚持两个小时的阅读。有时实在太忙了，第二天也要补回来。他常在开会的间歇看书，在车上、在路上时也在看书"[2]。实际上，无论是在"文化大革命"期间，还是后来担任各种社会职务，苏步青始终手不释卷，利用可能获取的资料，作了各种各样的笔记。无论是杭州的高温，还是上海的暴雨，都不能阻止他准时准点做讲座、举行研讨班。人们记得他在大街小巷穿梭时的矫健身影，他在钟点敲响前准时到达教室的庄重面容。在担任复旦大学校长期间，即便公务缠身，苏步青也仍旧想尽办法，利用开会的间隙、休息的片刻，一手公文、一手参考资料，抓紧工作，甚至将"星期天"过成了"星期七"。

  在苏步青的眼中，科研固然重要，教学却绝不能放松，甚而比科研更为值得关注。中国科学院自然科学史研究所原副所长王渝生还记得自己在政协

---

[1] 苏步青、李大潜：《苏步青教授谈治学》，载《文章道德仰高风》，第149—150页。
[2] 雷册渊：《一位数学院士的两个40年——专访复旦大学数学科学学院教授李大潜》，载《解放日报》，2018年6月1日。

会议上看到的一份特殊的提案。[1]提案的提出者是苏步青和卢嘉锡，[2]二人不仅是旧时相识，后来也都身居高位。这份提案的内容，却是让科技工作者们少一些"头衔"，减少兼职，将宝贵的时间充分投入科学研究的工作之中。有这样两位有影响力的人物牵头，提案得到很多人联名签署，并受到了重视。

苏步青还关心基层的教师和科研人员的所思所想和实际困难。他一方面用高尚的情操勉励他们前行，同时也不厌细琐地为他们争取应有的待遇。出席全国人大、全国政协会议的时候，苏步青对来访的记者反复说："四个现代化建设需要各方面的人才，中小学教育搞得好不好，关系到整个民族文化素质的提高，关系到祖国的大业，全社会都应关心中小学的教育，并且要认真抓好。""如果让教师整天为菜篮子、房子、孩子奔波，他们就不能全心全意搞好教育工作。……大家不愿当教师，这是很大的问题，比工农业减产还要厉害，比天灾还要厉害哟！"[3]面对来访的旧日学生、在华东理工大学数学系任教高等数学等基础课程的龚成通副教授，苏步青也说："必须有一批像你这样的基础特别扎实的教师从事公共基础数学课教学工作，你们这些教师应该不为名不计利，潜心基础课教学工作，但是教育主管部门不能不管你们的名（职称）和利（工资待遇）。大概是我说得太多了，所以没人听啊！"于是在

---

[1] 载光明网，2017年03月07日：

　　有一次，我在另外一位院士化学家家里，碰见苏步青。原来他是到北京参加全国两会。他们一个是全国人大副委员长，一个是全国政协副主席。两人一见面就说，好久不见，忙得不得了。然后卢嘉锡看看苏步青，就说了一句话，苏老啊，我头上的帽子跟你一样多。苏步青很吃惊，摸了摸头，说我没有戴帽子。卢嘉锡哈哈大笑，说你看你看，你又是全国政协副主席，又是民盟中央副主席。你好多职务，那不就是一顶顶的帽子吗。那头上的帽子数不清，因为他叫苏步青，用南方话来讲，头上的帽子数不清，那么多。

　　他们两个人，还没落座，就开始议论，每次到北京来开两会，都要耽误很长时间，另外我们又有那么多的社会职务，也影响了我们的科研。是不是我们两个合作写一篇提案，就是要求我们的科学家、科技工作者，尽量减少兼职，腾出时间来从事科学研究，促进我们科技创新和科学技术的现代化。

　　后来我也是全国政协委员，我真的看到了他们的提案，而且这个提案是他们带头，很多人大代表和政协委员联名签署的，这个提案后来受到了重视。我觉得这就是我们的科学家，参政议政完全不是为了个人的名誉地位，而是考虑到我们国家的科技创新和科技发展，多么高风亮节，令人钦佩。

[2] 卢嘉锡（1915—2001），福建厦门人，祖籍福建龙岩市坎市镇浮山村，化学家，中国科学院院士。1934年毕业于厦门大学化学系，1939年获英国伦敦大学学院博士学位，后赴美国，先后在加州理工学院和美国国防部的马里兰研究室学习、研究、工作。1945年返回中国，在厦门大学任教，后担任厦门大学副校长、中国科学院院长等职。同苏步青一样，他也获得过何梁何利科学技术进步奖（1999年）。

[3] 刘学渊：《企盼振兴教育振兴祖国——访七届人大代表、七届政协委员苏步青》，载《人民日报》，1988年3月27日。

1995年4月18日,他又联合朱光亚、谈家桢等11位科学家,向中央发出了《关于进一步加强和保护基础科学研究和教学人才培养的呼吁书》。在他们的共同建议下,国家很快成立了"国家基础科学人才培养基金",进一步推动基础科学研究步入平稳有序的轨道。

关心中小学教育

自1979年起,苏步青先是担任了中国民主同盟中央委员会主任委员,随后又先后担任了第五届、第六届全国人大常委会常委,民盟中央名誉主席等职务,也担任过上海市对外文化交流协会的会长。随着他的头衔越来越多,继数学家、教育家之后,苏步青成了一位知名的社会活动家。这在赋予他新头衔的同时,也让他感到了新的责任。因此,除了在高等教育和科研上不断提升,苏步青也积极利用参政议政的机会,建言献策。而他的目光多少有些让人出乎意料,他将目光投注到了中小学基础教育上。在1982年的两会期间,他现身说法,以自己在省十中接受教育的经历点出"中小学教育确实是基础,一定要认真抓好",反复重申"大学也要关心中小学教育"。他从师资队伍和教材编写两方面再三建言。面对来访的记者,苏步青表露了这样的决心:

> 我今年已八十岁,从事教育工作五十一年,中学数学、历史、语文都教过,有一些实践经验。我打算在退居二线后,首先到中学去听听数学课,和数学教师开些座谈会,听取他们对改进中学数学教学工作的意见和建议。总之,在我有生之年,要为我国中小学教育事业多作一些贡献,这是我唯一的心愿![1]

追溯到1936年10月,苏步青就以上海暨南大学兼职数学教授的身份,向

---

[1] 刘军:《苏步青教授呼吁:大学也要关心中小学教育》,载《人民日报》,1982年3月16日。

全国中学在校生作了题为《研究数学的基本工作》的广播演讲。[1] 这场广播演讲是南京国民政府播音教育计划的一部分，这表明他已处于当时国内最为优秀的专家学者行列。可以说，中小学阶段遇到良师的点拨，再加上同乡人重视教育风气的渲染——时代在苏步青身上留下的这些烙印，培养了他对教育事业由衷的热爱，并使他总是对基础教育牵挂于心。而这其中，他自然格外关注中学数学教育。1956年，苏步青以上海市数学会的名义，在全国率先发起了中学生数学竞赛，倡导"热爱数学、学习数学"的风气，为上海乃至全国发现和培养了一批人才。从1958年8月起，他还参加了《辞海》的编纂工作，为数学知识的普及再出一份力。20世纪60年代初，苏步青又自告奋勇，编写5年制中学数学教材，并亲自担任编委会主任。他与有丰富实践经验的老教师一起，每周召开编委会。从确定代数、几何合编体系到编写细目，从课本内容到例题习题，他都亲自把关。这套教材在上海市的几所重点中学试验，可以用5年教完比统编教材6年还多的内容，收到了良好的反响。[2] 在1964年，苏步青与华罗庚一道，组织指导上海市的青年中学教师们编写了中学数学课外辅导读物。[3] 凡此种种，可见苏步青对数学基础教育的重视可谓一以贯之。

而在担任国家要职、更多地走到聚光灯下的晚年，苏步青成为那个时代青少年的偶像，每天都能收到大量来信。从这些来信中，苏步青发现：数学教学上有不少问题，它虽然属于初等数学的范畴，证明起来却往往难乎其难。由于严格的证明涉及不少高等数学的知识，在中学教材里往往略去不讲，中学教师只能简单交代结论却给不出证明过程；但因为是初等几何的内容，许多学生未必选择数学专业，所以高等学校也不讲授。这样一来，学生抓不住要点，容易在一些早有论断的问题上白费精力，在错误的道路上越走越远。因而这些来信，让他坚定了一个信念：做好数学学科的基础教育，关键在于有一支业有专攻的教师队伍。

---

[1] 苏步青：《研究数学的基本工作》，载《播音教育月刊》，1936（2），第132—138页。又参见《申报》，1936年10月6日广告。

[2] 王生洪：《上海市课程和教材改革的总体构想》，载《中国课程变革研究》，陕西人民教育出版社，1993，第358页。

[3]《上海出版中学生数学课外读物》，载《人民日报》，1964年4月12日。

在苏步青的积极关心下，自 1979 年暑假开始，复旦大学先后为上海市复兴、向明、格致、控江等 18 所中学的教师开设了数学、物理、化学、英语等培训班，参加学习进修的教师共有 900 多名。苏步青为中学数学教师讲授了《初等微积分》《高等数学》等课程。平时，复旦文、理科教师还给这些中学教师举办各种讲座，介绍国内外学术动态。1983 年 2 月，当他正式从校长的职位上退下之后，苏步青又马上投入为中小学一线数学教师"充电"的工作之中——这一次，既没有人催促他，也没有人引导他，而是他自己举起了引人前行、催人奋进的旗帜：他要亲自为中学的数学教师办讲习班，介绍数学的思想方法，提高他们的思维能力和数学素养，为青少年的教育尽一份力。

尽管那时的他已不是第一次为中学教师开办培训班，也不是第一次讲授初等数学的内容了，但他仍然准备得格外认真——从选题到编排顺序无不亲力亲为，还在复旦大学数学系本科四年级的课堂上预先试讲，可见其用心之深。在上海市数学会的组织下，1984 年 1 月，苏步青为中学数学教师举办的第一期讲习班在上海科学会堂开课。

站在那个特殊的讲台上，苏步青的心情毫无疑问是激动的；而在台下，参加听讲的 63 名教师无疑也是幸运的。他们中有的埋头苦干，连续上了 20 年课，还从未参加过系统的进修，而现在著名的数学家面对面向他们传授。他们中大多数来自非重点中学，苏步青将这种安排称为"扶持弱者"。在高等几何学领域中钻研了一辈子的苏步青拿着准备好的字斟句酌的讲义，转而从三角、复数、行列式等教师们容易明白的初等数学知识入手开始他的讲座。苏步青站在中学教师的立场上给他们讲课，不仅帮助他们理解问题，也传授给他们"深入浅出"的教学之道："深入"，就是有高的学术观点；"浅出"，则需要好的教学方法。讲座中，苏步青述说起了数学史的"趣闻轶事"，让学员们在轻松愉快的学习过程中体会到数学思维和方法。课间，苏步青深入听课的中学教师中，鼓励他们献身于数学教学事业。授课时，他还注意观察学员的面部表情，有没有听明白，对此时的他来说已是一目了然。每次授课长达 3 个小时，学员们的笔记本自然也都是记得满满当当。

第一期课程中，他用当年将自己引入几何学大门的"等周问题"作为导引，引发教师们寻找高等数学和初等数学的内在联系，加深对高等数学来龙去脉的认识。后来获评上海市数学特级教师的向明中学王大任老师,也曾在科学会堂聆听过苏步青的课。距今已有30多年的往事,王老师仍历历在目:"苏步青抓住这一个问题讲了十几次,用各种不同的方法,又从平面几何拓展到立体几何,把许多知识点都串起来了。对当时的我们来说可谓大开眼界。他给的那些例题,我回到学校就在教研组里讲,马上就能用到课堂上。"而这其中,最让王老师印象深刻的仍旧是论题本身:"苏步青的课让我们真的看到了世界数学的名题。"1985年,由王大任老师培养的学生吴思皓,成为我国第一位在国际数学奥林匹克竞赛上获奖的选手,开启了一段我国高中学生在世界数学竞赛上的光辉旅程。

苏步青的这一次"创业",引来《光明日报》《人民日报》等主流报纸的争相报道和转载。《人民日报》还为此发表了评论:"苏步青教授是大家熟知的数学家。半个多世纪以来,他为祖国培养出几代专门人才,桃李满天下。如今这位老教育家再执教鞭,亲自为中学教师讲课,为培养更多的高水平教师做出了宝贵的贡献。他的精神风貌,令人高山仰止。""'安得教鞭重在手,弦歌声里尽余微。'83岁高龄的苏步青教授,退居二线之后,即以其高才博学,培训中学教师,为人民的教育事业,真可谓不遗余力。献身教育,要不遗余力;支援教育,也要不遗余力。希望大家都来学习苏步青教授。"[1]

在三个月的课程中,苏步青和学生们"约法三章":"不迟到、不早退、不旷课,迟到的不要进课堂。"这是从浙江大学就开始的规定,最早还是陈建功提出的。[2]而他自己也无一例外地做到了。为了能提前半小时做讲课准备,他总是早早出发,乘着轿车穿过半个上海——与十年前不同,这一次他有了司机,也有了随行的秘书。他坚持自己动手擦黑板、挂示教图、准备投影仪;即便是到北京出席重要会议,也要事前安排好课程。当时,苏步青的爱人松本米子(苏松本)已卧床住院3年。只要可能,苏步青每日都要去医

---

[1]《苏步青教授为中学教师开设讲座》,载《人民日报》,1984年1月20日。
[2] 苏步青:《我所熟知的陈建功》。他对学生约法三章:"不能迟到、不能早退、中途不得提问,以避免打断老师的思路。上讲台精神百倍,下讲台满身白粉。陈先生不带讲义,并不是没有讲义。我亲眼看见,陈先生的讲义每年都要新编,老的删掉,补充新内容。即使教了多年的课程,他上一小时课,至少要备一个小时的课。"

院陪伴，但即便如此也从未影响他任何一次讲课。而且，对这批特殊的学生，苏步青也将他的严格贯彻到底。到了结业的时候，他还要求每个人都要把听课笔记交来看一看，写一篇学习小结，满意了才签名发证。

第一期课程结束不久，苏步青因痛风发作，不得不

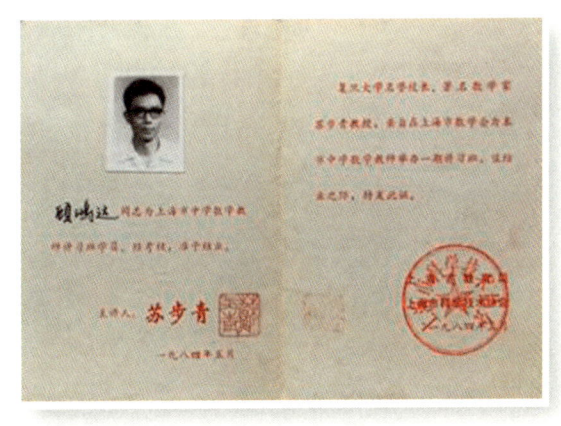

图27　顾鸿达老师提供的讲习班结业证书照片

入院治疗。住在狭小的单人病房中，听着窗外的蝉声，他仍不停歇，孜孜不倦地撰写讲义。这一准备便成了系列，有了一讲、二讲，两年之后第三讲也编好了讲义。1985年11月、1987年11月，同样的讲习班，完全新编写的内容，又二度开讲。最终，这些讲义都结集成册，公开出版，使得更多的中学数学教师能从中受益。1987年，上海市中学生业余数学学校也在苏步青的倡议下成立，它的首任校长顾鸿达正是第一期培训班的成员。

当年那个对老师满不在乎，调皮而又有止不住的好奇心的放牛娃，在成长为学生口中的"一代宗师"之后，已被世事磨平了许多棱角。然而，唯有这种对事业的倔强坚持是无法磨平的。从给青年学生励志到为教师队伍奔忙，凡此种种，苏步青对数学基础教育的牵挂贯穿了他的一生。尤其是在晚年的这一场场特殊的培训班，让他以另一种颇为特殊的姿态，扛起了催人奋进的旗帜，完成了对数十年前师恩的报答。

落日余晖洒温情

苏步青对基础教育的这份倾心和重视，在学术界、在教育界、在大众心中产生了影响。1991年，在美国加州大学伯克利分校的华人数学家项武义教授及夫人谢婉贞博士，以及谷超豪院士、胡和生院士夫妇的共同倡议下，复旦大学联合原上海市教育局、上海市中小学幼儿教师奖励基金会，设立"苏

步青数学教育奖"。苏步青任名誉理事长，时任复旦大学数学所所长的谷超豪院士任理事长。这一奖项每两年评选一次，专门用来奖励中学数学教师。在各方努力下，它已成为面向全国基础教育数学教学的重要荣誉。1998年10月，苏步青在获得何梁何利基金科学与技术成就奖之后，将奖金悉数捐出，其中的50万元港币就用于奖掖中学数学的教学人才。

有人认为，"苏奖"应该和华罗庚数学奖、陈省身数学奖一样，奖励高层次的数学研究人员。用苏步青的名义来奖励中学数学教师，是不是有些"低就"了呢？然而，苏步青自己并不这样认为。他说："中小学教育搞得好不好，关系到整个中华民族文化素质的提高，关系到祖国的大业，全社会都应关心中小学的教育。""没有优秀中小学教师培养出好的中小学生，大学的人才从何来？高、精、尖的人才怎么培养？关键还是在中学，大家千万不要忽视了这一点。"因而对于谷超豪夫妇和项武义夫妇的倡议，苏步青更多地感到的是荣誉和责任。在1992和1994年身体状况允许的情况下，他出席了颁奖大会，还发表讲话勉励获奖者，鼓励他们为中学数学教育作出更大贡献。[1]

现在，在苏步青数学教育奖基金会理事长李大潜院士的积极倡议下，人民教育出版社开始对苏步青数学教育奖进行独家全额资助。这"不仅使苏步青数学教育奖有了稳定的财政支持，而且为进一步弘扬及传播苏步青数学教育奖得奖人的先进教学理念和优秀教学成果，有计划地分批编辑出版有关的著作，也将提供一个有力的平台和保障"。[2]随着这一奖项的日臻完善，苏步青的名字无疑将继续在数学基础教育领域闪耀独特的光芒。

这是一场关于中国数学教育的世纪接力：他先是受益者，后成为塑造者；是接受者，进而是给予者；他的"平步青云"，来源于无数人搭建的阶梯，而他自己，也为后来者铺就攀登的阶梯。这是一趟关于师生之道的别样旅程：知识的火炬传递到他的手中，变得更加光亮，也更为炽盛；他"功成身退"，却用余热去助力新的光亮，终于成为后人成长道路上的一座丰碑。在回忆往昔的文章中，苏步青常常用到的一句是"毕生事业一教鞭"；而在

---

[1] 许温豪：《苏步青教授与"苏步青数学教育奖"》，载《文章道德仰高风》，第271页。
[2] 李大潜：《在第十一届苏步青数学教育奖颁奖大会上的书面发言稿》，见复旦大学数学科学学院网站。

他一生所写的诗行之中，指代学校的"黉门"二字频频出现在他的笔下：

> 瀛洲东望思绵绵，回首黉门五十年。
> 拙爱诗吟偏有味，老和筇杖尚无缘。
> 姓苏充作坡公后，比寿合超彭祖前。
> 咫尺家山不归去，悠然布履大江边。

这首写于1982年的《八十感赋》中，或许有几分孤独寂寞、几分自我宽慰，而这种寂寞是出于他有所留恋，这份宽慰则来自问心无愧的付出。他所留恋的并不是权位，而是与学生们相伴、教学相长的岁月，这才是这位"社会活动家"在种种头衔与身份之下的本色。出于对事业的倔强，已成为人们口中"苏老"的他不甘于与世疏离。而这份对教育事业的执着，无疑使他的影响超越身后，成为引领一代教师和学子奋进的指南。

回顾他的一生，从研究数学的一名教授，到数学家团体的服务者、数学学科发展的引领者；从冲锋陷阵巩固学校、保护学生，到从国家全局的高度对教育发展和教师队伍建设有所思考——在不同的历史时期、不同的层级上，苏步青始终扎根在自己的岗位和职务上，为数学和教育事业殚精竭虑。在进入浙江大学工作之后，他就展露出非凡的行政才能，深得陈建功、竺可桢的赏识。他在数学系的学科建设方面用心甚勤，关爱学生，不畏强权、坚持原则，特别是在竺可桢任校长时，甘冒风险，在作为教授会主席时为学生发声，且担任过训导长一职。这些经历，在一定程度上预示了他在学术生涯的最后成为一位全国闻名的大学校长、一位积极参政议政的公众人物。

由于他的贡献，中国数学以应用几何，尤其是计算几何学，在世界数学界令人瞩目；因为他的推动，那些在世界数学中留下深远影响的名题更是得以被带向了基础教育。在苏步青和无数同路人的共同努力下，中国数学、中国数学家走上了世界舞台；世界数学的精彩面貌，也由他们所打开的大门，得以展现在更多青年学子，乃至更多中国人的面前。从少年到白头，往来于扶桑与中土，苏步青用没有放下过的铅笔和演算纸，燃起一场跨越百年的接力赛中不灭的火炬。这是一场关于中国数学教育的世纪接力，他的光

并不只是为了照亮自己一个人的路；而他反哺幸遇的每一位恩师的特殊方式，所展现出的"所有的技巧，便在怎样的将那光明固定的炬火递在后来人的手内"。[1] 构成这道光明轨迹的，则是中国数学与世界数学日益紧密的联系。

星星之火，燎原之势

每年6月，复旦大学的正门上都会挂起红色的横幅，欢送毕业生"奔赴世界各地"。横幅上不断变动的年份，标志着一批又一批的复旦人离开了他们的母校。苏步青也早已离开了这座校园。对一座校园而言，来往的人群像是匆匆的过客，苏步青也是这过客中的一个。不过，那些在复旦大学工作十余年的老师，或许记得2003年那一串串白色的千纸鹤，从子彬院、相辉堂一直延伸，迎着风在梧桐树枝上任由雨点洒落。在人生的最后岁月中，苏步青这个名字就已从报纸要闻中消失了。只有在一些很偶然的场合，人们大概才会想一想：他是谁？

20世纪70年代末，他的学生谷超豪就已经享誉全国。前来复旦大学进修的"工农兵学员"对他说："你现在的水平还不如你的学生谷超豪老师，他的名气比你大多了！"他不紧不慢地回答他们："我教出一个名气比我还响的学生，他有吗？"谷超豪没有辜负老师的期待，在自己的数学人生中，接过老师传来的薪火，同样培养了一批杰出的学者。时至今日，谷超豪也已驾鹤西去。在他所培养的众多学生中，则涌现出李大潜、洪家兴、穆穆等多名院士。谷超豪八十高龄时仍指导着3名研究生，坚持每个星期至少有两个半天与学生进行讨论，甚至给一些学生"开小灶"。即便如此，他还是常常对自己的学生感到"抱歉"。

与自己的老师在20年时间里执着于微分几何不同，谷超豪在数学的多个领域里广泛求索。洪家兴院士曾评论说："他带队找到一条通往金矿的路后，就把金矿让给跟随他的年轻人去继续开掘，自己则带另一批年轻人去寻找另

---

[1] 周作人：《蔼理斯的话》，载《雨天的书》，人民文学出版社，2000，第58页。

一个金矿。"李大潜院士也评论说："谷先生的成就，不仅仅在于他在数学研究领域获得的各种成果，还在于他总是能够结合国家的重大需求敏锐地发现问题，并就这些问题开展创造性的研究，从而开辟一个新的天地。"[1] 谷超豪能够快速地从微分几何转向偏微分方程等多个领域的研究，既表明他有过人的数学能力，能时刻追踪数学领域的潮流，同时也展现出他能够不囿于一派一宗，不断开创新研究领域的突出才干。[2]

同样是苏步青的学生，胡和生自20世纪70年代末就追随着自己的老师参与研究生培养工作，是诸多弟子中"得真传"并矢志进行微分几何研究的数学家。值得一提的是，她还成为第一个走上世界数学家大会诺特讲席的中国人。她曾长期担任复旦大学数学研究所微分几何组的负责人，对黎曼空间中超曲面的变形等经典微分几何问题进行了深入的研究。20世纪60年代，她研究了齐次黎曼空间，探索了黎曼几何的等距群，并提出了确定等长群间隙的一般方法。随后，胡和生进入数学物理学领域，和谷超豪一起研究了杨-米尔斯场的数学结构，包括球对称杨-米尔斯场的构造、大量杨-米尔斯理论的刘维尔定理、施瓦兹空间中的杨-米尔斯方程等等。在20世纪80年代早期，她开始研究孤子的几何理论，并在一系列几何对象的显式构造方面取得了进展，例如射影空间中的周期拉普拉斯序列、闵可夫斯基空间等。[3]

1982年，苏步青和谷超豪、胡和生夫妇及李大潜到巴黎访问。那一年，在风韵无限的塞纳河边，师生三代以诗互酬，留下了"家家塔影残春雨，处处林岚初夏风""埃菲金光壮夜色，塞纳银波逐晨钟"的雅句，成为一段佳话。在苏步青的言传身教下，他们继承了学术传统和治学精神，也乐于和老师吟诗作对。在一首《和苏诗》中，谷超豪写道：

半纪随镫习所之，神州盛世正可为。

乐育英才是夙愿，奖掖后学有新辉。

校园朝朝印健履，京华季季换征衣。

---

[1] 姜澎：《永远走在创新路上》，载《文汇报》，2012年6月25日。又见姜澎：《谷超豪：数学王国的战略家》，载《文汇报》，2010年1月11日。
[2] 姜澎：《谷超豪：数学王国的战略家》，载《文汇报》，2010年1月11日。
[3] 参见AWM Newsletter, 2002, 32(4): 5-6。

世局动荡信念在，不羡群贤汇钓矶。

诗可言志。这既可以说是对苏步青一生的客观写照，同时也表明了谷超豪自己一生追随、超越、拓展的心路历程。现在，李大潜先生接过了这项名为"师承"的接力棒。他曾说："两位老师都曾勉励我，做学问'贵在坚持'，尤其是苏老，……（他）的习惯慢慢影响了我。对业务的不懈追求也成了我的习惯，我常说自己是'积习难改'。顺境的时候谈'坚持'容易，而逆境中的'积习难改'更让我有了意外的收获。"在被迫"无所事事"的时候，他自学了法语，为日后访学法国打下了语言基础；在1968至1971年，李大潜在工厂里待了3年，和工人、技术员结下了深厚的友谊，与他们建立起了共同语言。他自学了机械知识，也有意识地仔细思索用数学方法解决工厂生产中的实际问题。这些，都为他日后成为应用数学领域的翘楚奠定了基石。

在李大潜教授看来，做数学研究要把"为什么要做数学"放在首要位置。而这个"为什么"所关涉的并不只局限于研究自身的理论价值或实践应用，而是一种为国做学问的责任感："'（论文）驱动'的导向是要坚决杜绝的。不是说你的文章发表得越多、发表的刊物越高级就越好，而是要看你的成果是不是真正能'报效祖国、服务人民、造福社会'。"[1]从他那举手投足充满激情的言语间，人们的的确确感受到，作为苏门的传薪人，他同苏步青一样洋溢着对数学的热爱与奉献精神，而且也和苏步青一样将这份热爱和奉献紧紧地与生养他的土地关联在一起。

1993年，丘成桐、陈省身等著名华人数学家倡议在中国举办一次国际数学家大会。1998年8月15日，在德国德累斯顿召开的国际数学联盟（IMU）成员国代表大会上，中国在无记名投票中以99票的压倒性多数赢得了第24届国际数学家大会的主办权，代表中国的三名成员中，就有李大潜奔忙的身影。2002年8月20日下午，这场代表国际数学最高水平的盛会在北京的人民大会堂开幕。这标志着，中国人不仅走到了世界数学的舞台上，而且开始成为建设这个舞台的重要力量。

---

[1] 雷册渊：《一位数学院士的两个40年——专访复旦大学数学科学学院教授李大潜》，载《解放日报》，2018年6月1日。

世界数学，中国情缘

遥想1923年，复旦毕业生郭任远在美国取得心理学博士学位，回到母校任教。这位失败的浙大校长却曾是一位有眼力的复旦学者，他筹集资金立志建立中国的心理学研究重地，以捐资人的名字命名建造了子彬院。而在它建成27年之后，苏步青来到了这里，度过了他的后半生。不少复旦数学系的老教师都怀念那段岁月：那时的校园，最高点还在物理楼，每逢节日升起面面红旗；那时的子彬院，会聚名师巨擘，青年学子相互切磋；那时他的办公室，夜晚也还亮着灯，经过时总让人心怀敬意。直到晚年，苏步青仍然不知疲倦地站在讲台上，站在发言台上。通过他的指引和影响，数不清的学员接触了数学的美，数不清的研究者看到了世界数学的面貌，数不清的工人减轻了过去繁重的工作，数不清的孩子在课堂上说："长大了我要成为科学家。"

如今，子彬院里属于他的那道灯光熄灭了，破旧的黑板与教科书蒙上了尘埃；光华楼矗立起来了，相辉堂前又一条地铁线路穿行而过；在数学的世界里，知识的海洋潮汐更替，摇晃着，追溯着，后来人只有用考古般的眼光来审视故纸堆中他数十年前写下的文章。然而清明时节洒落的春雨里，总有一束花是献给他的。

2012年，苏步青的铜像在复旦大学的校园内落成，从此扎根在子彬院前草坪上。如今在这尊铜像的边上，是史上有名的"复旦78级数学系"学生赠送给母校的数学主题雕塑。雕塑两相映照，仿佛将一所学校的漫长历史，浓缩和定格在一个颇具深意的时刻：尊重知识，尊重科学，这样的常识再度得到人们的认同。这两尊雕塑，将一再提醒路经此地的莘莘学子，有这样一位校长、这样一些当年的同龄人，在此留下过深深的印记；它们也都仿佛在无言地诉说，"静下心来搞研究，这就是对苏老最好的缅怀和纪念"。[1]

"从世界的大门打开，我们走进世界数学的中心一探究竟，到中国数学慢

---

[1] 李大潜院士语，见《苏步青先生诞辰110周年　铜像上午在复旦大学揭幕》，载《新闻晚报》，2012年9月23日。

慢走上世界舞台并占有一席之地,再到我们有实力为世界数学搭起舞台"[1]——苏步青用自己跨越世纪的人生,写就了一部中国数学走向世界的史诗,铸就了世界数学与中国密不可分的情缘。

---

[1] 李大潜院士语,见雷册渊:《一位数学院士的两个40年——专访复旦大学数学科学学院教授李大潜》,载《解放日报》,2018年6月1日。

十

家山归梦长

在苏步青居住的小楼外,是他亲手栽种的夹竹桃,还有月季、蔷薇等,藤萝爬满了屋墙,一派生机盎然的景象,这或许正是他梦中一个家应该有的模样。

从仙台火车站出发，向南步行大约半小时，可以到达一座名为大安寺的寺庙。面朝大安寺，右侧便是苏步青和松本米子新婚时居住过的地方。早春三月，院子里的梅花盛开着，那是苏步青和松本米子最爱的风景。[1]距离大安寺不远的荒町商店街东边，还有一座真言宗智山派的佛教寺庙，名为满福寺，但它更为当地人熟知的昵称则是"毗沙门堂"。青年时的苏步青常常听得到这寺庙里的钟声，以及路旁的樱花风动、河畔的蛙鸣一同编织出的交响曲，这是他对仙台最美的回忆。有他填的词为证：

　　明眸皓齿仙台女，中原来作畴人妇。纤指忆当时，锦弦斜燕飞。樱花开烂漫，川鹿声呼唤。夜夜约相逢，毗沙门寺钟。[2]

　　松本米子于1905年生于仙台当地的一户大家庭。她的父母松本万之助、松本德子夫妇育有4女3男，加上老祖母，一家有足足10口人。凭着男主人

---

[1]　劍持勝衛：「蘇步青 教授について」，『まなびの杜』，1999年，第8号：http://www.bureau.tohoku.ac.jp/manabi/manabi8/mm8-2.htm。

[2]　苏步青：《菩萨蛮·为米妹作》，1976年。

一人优渥的薪酬，不仅养活了这一大家子，还能常常有所富余。

少女时代的松本米子，是高级女子学校的高材生。当时仅在仙台就至少有三所女子高等学校，它们分别为私立仙台高等女学校（1893年建立）、仙台市高等女学校（1897年建立）、私立东华女学校（1904年建立）。1899年发布的《高等女学校令》使日本的女子教育开始渐成气候，高等女学校正式作为高等小学之后的中等教育阶段列入国民教育序列。1907年、1910年多次修改，进一步延长修学年限，增加实业科目，形成4年和5年两种学制，毕业生年龄通常为16至17岁。

良好的家教加之系统的学习，使天生秀丽的松本米子还具有很高的艺术素养。她爱好弹古筝，还常上广播电台去播音。古筝也成为苏步青与松本米子结缘的缘由：据说，正是在广播电台中听到松本米子演奏的古筝，苏步青才想一睹弹古筝的小姐的风采。关于这一点，他们的女儿苏德晶看得最明白："我爸爸这个人吧，对音乐其实也不是非常感兴趣。他说，并不像别人所说的那样，非常喜欢古筝。他爱古筝，实际上是他想见我妈妈。"[1] 1925年春，樱花盛开的季节里，经由茅诚司介绍，二人终于相见了。苏德晶记得，母亲是这样叙述他们的第一次相遇的：

> 那天（妈妈）的朋友说要带几个年轻朋友来她家，听她弹古筝。到了一大群人，有爸爸和另外两"剑客"。说也奇怪，妈妈一眼相中了瘦小的爸爸，爸爸就不用说了。[2]

而按照茅诚司的说法，苏步青其实是课余学"尺八"时同松本米子邂逅，琴瑟和谐而坠入情网，他自己只是顺水推舟，从中撮合。[3] 在东北帝国大学，苏步青和高他一年级的茅诚司是室友，也是亲密的朋友。茅诚司同样毕业于东京高等工业学校，他们实是双料校友。二人的友谊一直持续到生命的尽头——苏步青见证了茅诚司和夫人的定亲见证，茅诚司的姻兄弟也都和

---

[1] 中央电视台：《那一场风花雪月的往事Ⅱ》，2007，第5集。
[2] 苏德晶：《我的爸爸》，载《文章道德仰高风》，第179页。
[3] 李德纯：《怀念苏步青院士》，载光明网。

图28 苏步青与茅诚司夫妇（杭州，摄于1980年）

苏步青相熟。可以说，茅诚司与苏步青的情谊堪比兄弟。茅诚司认为，在日本建立广泛的社会关系有助于苏步青获得长期居留身份，以便取得较好的工作条件。

苏步青与松本米子相恋之后，松本父母的态度截然相反。松本米子的母亲赞成他们的恋情，同情这位出身寒门而又发愤图强的中国青年，还不时给予他生活上的照料，替他做一些缝缝补补的活。而父亲则表示反对。其中的一个原因或许在于，松本的二女儿也就是米子的二姐已经远嫁中国湖南，一去不返。做父亲的唯恐又"失去"一个女儿。但两个年轻人的感情和决心，加上松本夫人的劝说，还是让做父亲的松了口。这些故事的真实性，我们无从考证，但是我们可以从中体会到这段跨国恋情来之不易。

在日本的1928至1931年间也许是苏步青一生中最轻松的时光。那时他继续担任林鹤一为他争取来的在东北帝国大学的讲师职位，薪水不少。他每天一早去学校，上课、读书；松本米子则收拾好家，挈女将子，步行一刻钟回到娘家，与自己的母亲、兄弟热热闹闹地过一整天。下午5点多，松本先生

图29 苏步青与松本米子在仙台　图30 苏步青和岳父母一家在仙台（摄于1930年）

和苏步青都下了班,也聚集一起,一大家子吃晚饭,有说有笑。到天黑之后,松本米子再与苏步青一起回他们的小家。然而再欢乐的时光也无法打消松本先生的顾虑。元旦,松本夫妇去神社做新年参拜的时候,也会向神明祈求留住这幸福的一家。他们希望,苏步青能够留在日本工作;而东北帝国大学也发出正式聘书,请苏步青留校任教。

1931年毕业之后,苏步青、松本米子与岳父一家生活在一起,其乐融融。但是,先前与陈建功许下的约定,又不时提醒他尽快回国。最后,还是看透他心思的松本米子用一席话让他打消了所有的顾虑:"那我也到中国去。你爱中国,我也爱中国。……中国是你的故乡,也就是我的第二故乡。"[1]这才让苏步青吃了定心丸,决意信守与陈建功订立的诺言。

苏步青将要回国的消息传开后,日本的亲友、同学、老师都来挽留。他们或多或少受到当时日本渲染的中国军阀混战的影响,认为只有日本才能"拯救"中国,劝说苏步青留在日本。相较于蠢蠢欲动的日本,中国显得如此衰弱疲累,现实的困难,不是简单的决心能够克服的。回国后吃苦不必说,与国外学术界的交流不畅,也多半将会断送苏步青的学术道路。此时东北帝国大学"不失时机"地表示,愿意为苏步青保留半年职位,如果回国后遇到

---

[1] 苏步青:《神奇的符号》,江苏人民出版社,2008,第41页。

困难，可以随时回来就职。面对种种机会和诱惑，苏步青不为所动，坚定地踏上了回国的路途。毫无疑问，这一重要的抉择奠定了他与陈建功共同奋斗20年的传奇经历，也成就了浙大数学系的光辉历史。

回到杭州后，苏步青在浙大附近租了一排三间的平房，房子南面有个大园子，院墙与外面的巷子隔开。房东住在后排房子，北面破墙开了米店，往来都从北面进出，所以苏家十分清静。家中雇了人，不过作为农民的儿子，苏步青还是喜欢下地干活。园子里，通往大门的石板路旁就种上绿草，好似"草生元亮径，花暗子云居"；靠墙的地方种上牵牛，再零散地缀上凤仙花、鸡冠花和夜来香，这些都是孩子们喜欢的小花；还有一片地，是要留给月季和玫瑰的，它们是松本米子的最爱。每天早上带着锄头和粪桶到房前去种花，给花施肥、拔草、洒水、松土、培土，苏步青挥铲动土，孩子们就在他的膝下转来转去。这时候，他便会剪下几朵花让孩子们送给妈妈；松本米子则把这些花再插在苏步青书房的花瓶里。

干完园子里的活，苏步青总要冲个冷水澡——这个习惯甚至一直保持到他75岁。苏德晶回忆道：

> 爸爸（出门上班）前，妈妈早已准备好外衣和公文包，帮爸爸穿好外衣，送他到大门口，每次都是爸爸说："我走啦！"妈妈接着说："走吧！"这样的对话一天要听好几遍。中午，到爸爸快下班那会儿，妈妈已在门边等候了，一听见他大声说："我回来啦！"我们小孩子马上奔过去，刚一岁的德洋跟在德雄后面叫道："爸爸，抱，抱！"吃饭是最高兴的时刻，因为大家都坐在一起，连德洋也上桌，站在妈妈旁边的藤椅里。爸爸喜欢喝一小杯酒，一边喝，一边讲，讲的都是学校里的事，妈妈听着，偶尔也插一句话。……妈妈是典型的日本妇女，带孩子，还要照顾爸爸的生活，好让他专心工作。

对于孩子，苏步青也很是关心：

> 爸爸很爱我们，但从不姑息我们。他每天抽空检查我们的作

业，特别要看我们写毛笔字，笔握得对吗，写到哪里要用力。每次出差回来，总不忘给我们带书和文具。在园子里干活时，给我们讲大禹治水、司马光砸缸、孔融让梨，还讲《伊索寓言》里的小故事，教我们要学古代圣贤，要勤劳、节俭，要天天向上。爸爸是个急性子，我们常常因做错事或打架挨骂。爸爸发火时我们怕得要命，训斥我们的声音大得连后面的房东家都听得见，不过不管他有多么生气，却从不动手。[1]

一家人的生活渐渐有了模样，松本米子逐渐习惯起中国的生活和习俗。虽然在家中说的还是日语，但松本米子也开始学着说汉语、写中文，红烧蹄髈也成了她最爱的佳馔。说到生活习惯，还不得不提起皮蛋和腐乳。这两样中国人的家常小菜，日本人通常避之不及；然而毕竟生活拮据，苏家常常只能以之佐餐。为了让松本米子接受腐乳的气味，苏步青就动手加以改造，把腐乳的那层皮去掉，再加上少许白糖。渐渐地，松本米子也就习惯了腐乳原本的味道。对于皮蛋也是如此。[2] 出于对丈夫的爱意，这些原本丝毫不能接受的食品，松本米子都甘之如饴。在日本家中的时候，松本米子习惯每天洗澡，到了中国就没有那样的条件了。为了让松本米子能在中国生活得好些，苏步青便请人用铁桶做了一个浴缸，下面可以加柴烧水。不过即便如此，一星期也只能洗一次。苏步青的同事和学生，包括陈建功、方德植、徐瑞云等，都曾是苏家的常客。松本米子也和浙大的教授夫人们结为朋友，带着孩子走街串巷，广受大家欢迎。苏步青早上种花，然后去学校上班，中午回家吃饭，小睡半小时后又去学校，晚上备课和写论文，一直到深夜，这样的日子好像一直在重复，是让人不忍打断的温馨图景。

但家中温馨的场面终究只是当时年幼的儿女们美好的记忆，时局的动荡使苏步青很难安宁。回到国内的头两年，苏家经济一直很拮据，1932年春节，靠的还是校长"勉奉大洋26元"才过了年关。后来由于汉口大水灾、河南旱灾，苏步青得了几百元公债，而这些随着抗战开始也都一笔勾

---

[1] 苏德晶：《我的爸爸》，载《文章道德仰高风》，第181页。
[2] 苏步青：《我的夫人苏松本》，载《苏步青文选》，浙江科学技术出版社，1991，第203—208页。

图31　家庭合影（1934年摄于杭州）

销。[1]让经济问题更加突出的则是，苏步青家里的人口也与年俱增。1932年1月，苏步青与原配夫人马伯华的长子苏尔馥在老家出生；之后，兄弟分家，马伯华独自带着孩子，与婆婆在平阳乡下生活。[2]同样在1932年，

---

[1] 苏步青：《理想·学习·生活》，第22页。
[2] 此后，先后又生苏德润（尔滋，后过继给苏步皋）和女儿苏素丽。苏尔馥在应温州中学百年校庆而作的纪念文章中写道：
　　分家时分得瘠薄山田4亩维持一家三口生活，当时祖母年已六七十岁，我年幼体弱，这4亩地全靠我母管理。一个小脚女人走路也不方便，但为了维持家庭生活不得不迎难而上。除了耕种和收割时请一些散工外其他一切农活都是我母自己干。……后来到了小学放暑假时到附近手工卷烟厂做童工，增加些收入补贴家用。那时我就觉得母亲又善良又倔强，我以后要好好照顾母亲。随着我从小学考入温州中学，生活和教育费用不断增大。我母在外公指导下办起酿酒、醋的小作坊，做起布匹、棉纱的小生意以增加收入补贴家用。我母勤俭持家在乡里是有名的，自己省吃俭用，但看到邻里和亲友有困难总是尽量帮助，博得"好婶婶、好婆婆"之美称。
　　家庭经济虽然困难，但我母对我兄妹两人的教育投资从不减少。1945年我考进了温州中学，温州离开平阳腾蛟有200里地，交通不便，要乘一天一夜的小船。为了节省路费，我们还常翻山越岭可少乘些船以省船费。当时温中学费也昂贵，还要住宿费，我母常为筹划学费东借西凑。母亲多次对我们讲："你们要争气，好好读书，你爸和伯父都是留学生，你爸又是博士、大学教授，家里无论怎样穷，我当衫当袄也要让你们读书，将来上大学做教授做有出息的人。"我们听了话记在心里。我1956年毕业于华东化工学院（今华东理工大学），小妹苏素丽毕业于安徽大学。节省家庭开支，千方百计以供子女上学已成为我家的家风。……
见苏尔馥：《夫妻树下思母亲》。

苏步青与松本米子的第三个孩子苏德明出生，做母亲的带着孩子们回娘家探亲。松本夫妇看着孩子爱不释手，居然硬是把苏德明留在了仙台。1933年，苏德洋出生；1935年，苏德昌出生；1936年，一家人再赴仙台探亲，用苏德昌换回了苏德明。[1]随着家中人口日益增长，杭州的小屋不敷入住。苏步青就在求是村置办了一块地。可是，房子还没有开始盖，平静的生活就结束了。

*

1937年末，伴随着抗战的全面爆发和杭州城的陷落，浙大开始西迁。11月5日，日寇在金山卫登陆，杭州岌岌可危，浙大正式决定迁校建德县（今建德市）。建德在杭州西南约240千米处，从杭州出发，从水路大约需走大半天。自11日开始，浙大教师学生分三批出发。这开启了浙大史诗般的西迁，后世称之为"文军长征"。苏步青全家随校迁移，他抱着4岁的苏德洋，大女儿苏德晶拉住他的衣服；松本米子背着未满月的苏德成，一手牵着苏德明，另一手牵着苏德雄。大多数家当都留在了杭州，只带着少数较好的衣服和被褥，而所有行李中最贵重的莫过于松本米子陪嫁带来的古筝。途中所到之处，难民如潮，人心惶惶；时有谣言传来，云某地已陷落、某要人被杀，更加重了这一路上对叵测前途的担忧。

因松本米子刚刚分娩，行动不便，苏步青送她和孩子们先到平阳避难。经丽水回平阳的时候，汽车站站长发现松本米子是日本人，于是要进行例行检查。苏步青先是出示浙大校友、第三战区交通电讯管理局局长赵增珏的介绍信，但并没有用。幸而竺可桢早就对此有所考量，提前向时任浙江省主席的朱家骅要来手令，规定沿途军警不得盘问检查。依靠这张手令，苏步青一家才顺利通过一道道关卡，平安回到了平阳。担心松本米子在自己的腾蛟老家过不惯，苏步青在苏步皋的联系下，让这一家子住到远房亲戚曾周家的附近，请他们帮忙照顾。

曾周在浙大读过一年书，因为是同乡人的关系，苏步青在他入学前就对

---

[1] 李德明记录说：七七事变前，苏步青偕松本米子乘船去日本探亲。他们订的是一等舱席位，日本船长还对他们傲慢恣肆。"苏老义愤填膺，在松本米子建议下，把文部大臣签署的理学博士证书钉到房门上，回以颜色。船长从此来了个一百八十度的大转弯，对苏老肃然起敬。"见李德纯：《怀念苏步青院士》。

他多有帮助。后来因战乱的缘故，他不得不中断了学业。在他的提议下，苏步青一家在南雁荡山游玩了一天：先是坐竹排从水头到南雁荡山，再从南雁荡山脚一直爬到仙姑洞。中午，还坐竹排顺流而下，漂流到曾家做客。故乡山水总关情，这一趟南雁荡山之行常让苏步青萦怀，多年后，还出现在他的诗中。此后身在贵州的群山叠嶂中，他也时常梦见这些南雁荡山的名胜。1940年的《南雁爱山亭晚眺》云：

爱山亭上少淹留，烟绕村耕欲渐休。
牛背只应横笛晚，羊肠从此入山幽。
云飞千嶂风和雨，滩响一溪夏亦秋。
长忆春来芳草遍，夕阳渡口系归舟。

若干年后的《忆游南雁》又云：

仙姑古洞绝幽凉，玉笋金芙出翠墙。
渡口风清牛背笛，峰边雾隐鹤楼堂。
云关千级迂仙道，月牖孤悬印雁行。
俗骨无缘身已远，时时犹梦宿禅房。[1]

曾周的侄子曾永源还记得，当年几个孩子一起在房前的小竹林里玩，苏步青则平和地与众人拉家常。左邻右舍闻讯都来看热闹，一是因为苏步青的名气大，再则是因为松本米子是日本人。周围的人甚至为苏步青和松本米子的相遇杜撰出一个传说，可见人们对她的喜爱：

> 步青先生在日本留学的时候，爱上了一位留学日本的中国姑娘。姑娘非常出挑，追求她的人很多。步青先生失恋了。米子姑娘发现这个聪明勤奋的中国大哥哥突然变得闷闷不乐，她很心疼他，

---

[1] 苏步青：《忆游南雁荡》，载《国立浙江大学校刊》，1947，复刊第170期，第4页。

每天放学回来在中国大哥哥的房间里插上一朵鲜花。鲜花无语传真情，渐渐地，他们相爱了……[1]

此后，曾永源去送东西，还没有开口，就常常能看到松本米子已出来迎接，笑着向孩子们招呼说："大哥哥来啦。"这是她当时仅会说的几句中国话之一。话音未落，几个孩子便应声而出：苏德晶当时八九岁，往下的男孩则簇拥着来客，他们口齿不清，都"大嘟嘟"（哥哥）、"大嘟嘟"地欢叫着。在她的记忆中，"在平阳的日子过得不错，吃的不缺，那里亲戚很多，都挑着担子送来鸡、肉和水果"[2]。不过，曾家虽说是远房亲戚，这些鸡、肉、水果，还有像糕点糖果、鱼干虾皮，大多是用苏步青寄回老家的薪酬买来的。总的来说，在老家的生活并不富足。苏德洋回忆说："每天吃饭时铁镬里一半是大米，另一半便是番薯干，菜也很简单。记得那时平阳乡村还很落后，厕所里没有手纸，用的是竹篾黄，很不适应。"老家的烟囱还着过火，让祖母大惊失色。大人们纷纷上房顶救火，把水淋淋的新鲜海蜇往烟囱里塞。这些细节，都给当时还在读小学的苏德洋留下深刻的印象。[3]

苏步皋在平阳县国民政府任建设科科长，兼在平阳中学教数学课，在当地同样也是乡里的名人。他也会隔三岔五来探望苏步青的一家人，孩子们也喜欢他来："因为他和爸爸很相像，声音完全一个样。好几次我们在外面听到屋里在讲日语，（都）以为是爸爸回来了。"但那时苏步青只有假期才能回家，且交通不便。平常，松本米子独自带着孩子们，曾家对他们多有照顾，为一家子人寻得保姆，曾家四姐也常为他们置办杂货。乡里邻家也会来帮忙料理家务，"洗菜、淘米、做饭，常常有人悄悄地帮她干好了。她生活在温暖之中，与乡亲们建立了浓厚的情谊"，也常常"用她微薄的力量为乡亲们做一点事"[4]。这也使乡亲们通过松本米子与苏家建立了持久的友谊。

---

[1] 曾永源、曾琦琦：《我的老乡苏步青》，载《杭州日报》，2017年6月13日A18版。
[2] 苏德晶：《我的爸爸》，载《文章道德仰高风》，第182页。
[3] 金辉：《苏德洋：苏步青之三子》，载《温州都市报》，2011年3月24日B33版。
[4] 苏步青：《我的夫人苏松本》，载《数与诗的交融》，第55页。

在吉安停留仅仅一个月，1938年2月18日，浙大再由赣江与赣粤国道分头迁移到泰和。迁移完成之后不久，白鹭洲便遭到日寇轰炸。六七月之交，江西北部失守，南昌若再陷落，交通就会中断。因此之故，浙大再次计划西迁。时任教育部部长陈立夫提议浙大可迁往贵州安顺。多方打听权衡之后，竺可桢决定落脚广西宜山。经40多天艰难跋涉，最终于1938年10月底到达。浙大以原勤工俭读学校为总办公室，以文庙、湖广会馆为礼堂、教室，在郊区搭建茅屋为学生宿舍。"求是"校训是竺可桢在此倡立的，校歌也诞生于此。这时的苏步青与家人两地分居，而此时的国民党军队也在节节败退。大片国土沦丧，后方经济崩溃、物价飞涨。战争年头，不带家眷的浙江大学教师，都尝够了物价波动和邮政不便的苦头。浙大学生大多来自沦陷区，经济来源断绝，靠公费、工读维持生计；教职工一家数口开支大，度日更为艰难。寄钱回家，路程未半货币已贬值一半；而回一趟家乡，则更为艰难。与松本米子和孩子们分居的日子过了三年多，这段时间里，苏步青也写下了寄托思念的诗句：

自泰和寄内（1938）

妆奁锦瑟十三弦，欲听清音路几千。

一曲寒潮明月夜，满江红雨落花天。

离愁每在闲中发，往事常于梦里牵。

记否当年春旖旎，宵深犹奏想夫怜。

1939年2月，日寇敌机侵入广西境内，宜山遭到轰炸。2月25日，竺可桢与交通部西南公路运输管理局局长薛次莘及王世析、张庆余，当地警察局长陈世贤和原公路局局长宋麟生，孙中山的女婿王伯秋等人先后交谈，决计将校址搬迁到湄潭。再次决定迁校后，竺可桢找到苏步青，让他赶在经衡阳回浙江的路勉强还能通行之际，赶快把家眷接到学校来，还旋即批给他900大洋的搬家费用。在他的安排下，浙江大学在沿线管交通的校友，也在行路上给予了苏步青帮助。

5月10日，苏步青起程，经鹰潭、兴国、泰和，回到温州平阳。[1] 6月底，苏步青致函竺可桢，谈及浙东近来时常被炸，"虽市镇亦所不免"。返校的行程只能一拖再拖，当初预定的7月返校眼看绝无可能，苏步青屡次和竺可桢通过函件、电报往来。最后一家八口，再加上苏步青的外甥女卢志学及用人，[2] 带了30件行李从平阳启程。路上还偶遇了要到遵义上大学的4位同乡学生，一路上也给予了苏家很大的帮助。一行人经铁路、公路，翻山越岭，在丽水、金华遭遇了轰炸。通过数道关卡，路上就走了35天；在柳州时，更是滞留一周有余才买到了公路局的车票。最后，当苏步青到达湄潭，向竺可桢谈起一路艰难，已是这一年的12月。[3]

1940年6月初，遵义至湄潭的公路开通，浙大农学院师生陆续迁到湄潭，并于6月10日正式开学上课。湄潭东面依山，西面傍水，风景秀丽。学校在东山坡盖了简易教室和礼堂，盖了学生宿舍，租用民房给教工住宿，为教工子弟办了附中。浙大的几百个师生、员工和家属，使这个小小的山城俨然成了大学城。至此，浙江大学结束了两年多颠沛流离的西迁之路，在黔北找到了一方适于教学科研的净土。

将家眷从平阳接到浙大之后，由于人口众多，苏步青一家就在遵义的浙大本部附近暂住。苏家住3间独门独院的茅草房，3间房都朝阳，前面有一块空地，苏步青就在那里种些蔬菜。前后住了不到一年，1941年，全家搬到湄潭。他们与生物学家罗宗洛一家合住在一座破庙里。[4] 庙前有一大片空地，也很快变成了苏步青开垦的农田：

> 当时许多人"弃学经商"去了。我没什么商好做，就买了把锄头，把破庙前的半亩荒地开垦出来，种上了蔬菜。每天下班回来，我就忙于浇水、施肥、松土、除虫。小时候我多少干过农活，所以干起来得心应手，有人说我像个老农。有一次，湘潭街上的菜馆蔬

---

[1] 竺可桢日记，1940年5月9日、10日。分别见竺可桢：《竺可桢全集》，第7卷，第353-354页。
[2] 竺可桢日记，1940年12月2日，亦云一行十人。见竺可桢：《竺可桢全集》，第7卷，第493页。
[3] 竺可桢日记，1940年12月2日。见竺可桢：《竺可桢全集》，第7卷，第493页。
[4] 值得一提的是，罗宗洛与浙大的结缘也是在遵义。1940年，罗宗洛在中央大学受到排挤，因念及"陈建功、苏步青是我的老同学，生物系主任贝时璋也是素识……如能到浙大教书，不管有何困难，在精神上一定是愉快的"，于8月投奔在遵义的浙江大学。见罗宗洛《回忆录》。

菜断了供应，他们知道我这里有花菜，还要去好几筐。

他们的另一位邻居则是物理学家束星北。地处山区的简易宿舍，窗户和门都是木板做的，夜晚常有野狼敲门打窗。一晚，苏步青的家里闯进一只饿狼，直扑向襁褓中的小女儿。苏步青操起一把刀就和狼搏斗起来。束星北一家听见喊声，奋不顾身地冲出屋来，终于赶走了野狼。二人由此结下了深厚的友谊。由于经济困难，加之松本米子又是日本人，苏步青在承受很大生活压力的同时，又平添许多本不应有的思想负担。束星北得知后，常常找他谈心。他的薪水相对高一些，他几乎每个月都给苏家送钱。在束星北的物理课上，苏步青甚至和物理系的学生一起坐在台下认真听讲。现代物理和微分几何的内在关联，使两人之间的友谊更加深厚。

因为家境艰难，苏步青还把吸了多年的烟戒了。他的烟瘾很大，原本一天的烟量总在50支上下。但眼看着香烟不断涨价，为节省支出，戒烟也势在必行。听学生张素诚说陈建功也已戒烟，苏步青终于痛下决心。戒烟的前几天，苏步青好似丢了魂似的，看不进书，手不时摸摸口袋，感到少了什么，坐立不安。见他这般难熬，松本米子就炒了一些花生米，一发现他在摸口袋，就抓一把花生塞到他手里。一天、两天、十天，个把月下来，苏步青在松本米子的照顾下顺利地戒掉了烟。为了省几个铜板的水钱，松本米子每天到井边洗衣、洗菜。有时家里没有人看孩子，她就背着孩子去。男孩们的光头都是苏步青自己剃，女孩的头发则是妈妈剪。

迁到湄潭之后，他们经常将山芋蒸熟，蘸盐巴吃，靠这种办法果腹。一日傍晚，苏步青正在家中翻晒全家的口粮，那都是些快要霉烂的山芋。竺可桢到苏步青家看望，进门见此景象，颇为惊诧。他开具手书，让两个在附中读书的儿子可以在学校吃饭，但需要住校。那时苏家连孩子们的两床被褥也拿不出，竺可桢又"特批"他们可以住在家里，同时享受公费待遇。1941年，同样是在竺可桢的操办下，苏步青作为"部聘教授"候选人之一报教育部，并获批准。这以后，苏步青工资增加了一倍。[1] 可是即便如此，苏步青的一个小儿子还是因营养不良，在出世不久就夭折了。苏家把他埋在湄潭的山上，立了一块小小的石碑，刻有"苏婴之冢"。

抗战时期家计艰辛，也可以从下面这首写于1944年的《纪梦（并引）》中看出。烽火连天，让苏步青在梦中再次想起了那炼狱般的景象；而醒来之后，一支牙膏、一个锅子，都可以成为让他欢喜的理由：

> 清明前一夕，梦漫天火光，仓惶挈眷出走。卜居太白峰边，新屋三间，中室与家兄云謇合作书斋，意豁如也。或曰："从仙台望太白甚高，今傍顶无乃太燥乎？"启户视之，则碧水盈渠。邻有郑晓沧先生自渝来，以牙膏相赠。闻竺校长遣人送釜一，刻中央研究院字样，归见喜而寤。
>
> 太白峰边卜客居，仙台别后意何如。
> 乱中欣得联床话，梦里空残满架书。
> 烽火漫天悲故国，流离无地入华胥。
> 艰难犹见颁膏釜，口腹从今味有余。

1945年日本投降后，沉浸在胜利喜悦中的人们欢欣鼓舞。在湄潭的时候，苏步青和松本米子常常追忆起过去在杭州的生活，总是和孩子们畅想，回到了杭州之后日子会过得多么好。松本米子还一心想接自己的母亲和苏德昌回来，好让一家人团团圆圆。1946年8月，苏步青一家启程，从汉口乘船

---

[1] "部聘教授"制度起源于1941年6月国民政府教育部的决定，参选条件为：（1）在国立大学或独立学院任教授十年以上者；（2）教学确有成绩，声誉卓著者；（3）对于所任学科有专门著作，且具有特殊贡献者。其名额暂定30名。其推举办法是：除由教育部直接提名者外，国立大学及独立学院或经教育部备案之具有全国性之学术团体，可向教育部推荐。最后由教育部学术审议委员会全体会议出席委员三分之二以上通过，给予确认。第一批确定的部聘教授有29人，苏步青之外，还包括杨树达、黎锦熙、吴宓、陈寅恪、汤用彤、胡焕庸、李四光、茅以升等人。见中国第二历史档案馆编：《中华民国史档案资料汇编》第五辑第二编教育（一），江苏古籍出版社，1997，第723—724页。又据《学术审议会昨常会通过 硕士学位候选人 计程天赋刘骏等十九名 部聘教授杨树达等十九人续聘五年》，载《申报》，1947年7月25日，有"第一届部聘教授杨树达、黎锦熙、吴宓、陈寅恪、萧一山、汤用彤、孟宪承、苏步青、吴有训、饶毓泰、郑昭抡、王琎、秉志、张景金、艾伟、胡焕庸、李四光、周鲠生、胡元义、杨端六、孙本文、吴耕民、梁希、茅以升、庄前鼎、余谦六、何杰、洪式闾、蔡翘等廿九人，续聘五年"。

到上海，乘火车到杭州。在上海到杭州的火车上，苏步青还给孩子们买了咖喱鸡盖浇饭和火腿煎蛋，那滋味让孩子们记了一辈子。最小的儿子苏德新出生在湄潭，汽车、轮船和火车都是头一次见，一切都使他感到新奇，一路上不停地问这问那。而当9岁的苏德成第一次吃到白糖的时候，竟惊奇地问："为什么这个盐巴这样甜呢？"[1]

然而当他们终于回到了江南，江南已不复梦中之景。由于内战爆发，国内民主运动日益高涨，国民党加紧镇压，各地学生纷纷起来举行示威游行、罢课。国民党为取得美国的支持，签订出卖国家主权和经济自主的协议，使美国得以加紧向中国市场倾销。里外夹击，国民党统治区出现经济危机，滥发纸币造成物价飞涨。苏步青领到薪水后就拼命踏脚踏车，去抢兑"大头"，或赴米店抢购粮食，因为隔1小时钞票就会贬值……到了1947年春节，家里一贫如洗。作为中央研究院研究员的苏步青，连审阅论文之后寄出用的邮票都很紧张。家里的保姆早请不起了，一个"堂堂的大学教授"，还要自己动手做烧菜、洗衣、拖地板之类的家务活，苏步青颇有几分不甘，但也只好无奈地接受。《微分几何学》正是在这种境况下，由南京正中书局的温州同乡牵线而完成出版，苏步青因此得到600元救急。[2]

苏步青的哥哥苏步皋应调前往台湾之后，任职于台湾林业试验所。1946年10月9日，苏步青寄《虞美人》词一首给兄长，苏步皋随即同韵唱和。两首词刊登在1947年林业所的《通讯》上，字里行间是身处海峡两岸一对兄弟的手足情长，以及苏步皋对故乡难以割舍的留恋：

虞美人（并序）
苏步青

丙戌中秋前十日，夜泊城陵矶，即长江入洞庭湖口，因忆去岁此时赴台经行此地，感物思旧，慨然有作。

洞庭夜听西风起，雁落矶头水。此身合胜武陵人，隔断桃源还

---

[1] 张德明、章甫：《"此身到老属于党"》，载《文汇报》，1991年10月2日。抗战胜利后，苏步青带了家眷于1946年从贵州回到杭州，路过汉口，买了一点白糖给一个当时9岁的孩子蘸粽子，这孩子吃了很惊异地问道："为什么这个盐巴这样甜呢？"按，苏德成出生于1937年。

[2] 苏步青：《神奇的符号》，江苏人民出版社，2008，第74—75页。

认旧时津。去年奉使东横海,喜见河山改。鬓丝赢得几茎秋,依旧大江万里一扁舟!

虞美人（并序）
苏步皋

丙戌深秋,感时怀母,步二弟原韵。

劫余又见烽烟起,大业随流水,几时好作武陵人?共话桑麻重去问前津。括苍别却浮东海,正把愁颜改。一年容易又中秋,春草萦怀且买鹿城舟!

苏步青这首作于1948年的诗,竟预言了兄弟二人此后音讯阻隔。自此,苏步青与其兄海峡相望,苏步皋也没能在有生之年回到故土,"且买鹿城舟"。

两面荷花四面楼,九分残暑一分秋。
偶凭危阁孤山上,欲寄相思几字愁。
客子青春谁得再,高堂白发共生忧。
来鸿去燕年年是,问系天南何处舟。

曾将西子比西湖,千古风流让大苏。
放鹤亭边无鹤放,孤山足下一山孤。
书凭鸿雁秋犹浅,路隔关河望欲无。
待得西风鲈脍美,直须相对醉千壶。

1948年,苏德昌得以回国。此时一家人方才得知,松本米子的父亲已去世11年,母亲也死于饥饿,长兄接着病死。昔日阔绰的大户人家在战火中凋零殆尽。松本米子的二哥收养了苏德昌,但他自己也有8个孩子,生活也十分困难。回国后,苏步青天天教苏德昌说汉语、写中文。幸运的是,苏德昌天资聪慧，3个月就学会了说汉语，第二年就进了中学。[1]

在平阳的苏步青故居始建于晚清，是祖上留下的单层木结构建筑，坐东北朝西南，5开间。20世纪40年代其兄苏步皋在东首又续建2间。故居四面围墙，门台偏西，前庭广阔，后院深幽，是典型的浙南建筑。苏步青在这里度过了他的童年。在日本留学的时候，苏步青每年暑假也都会回到家乡探望父母。每次回来，都会到田间劳动，插秧、收割、车水。[2]故居中有一棵榕树和枇杷的合抱树，传说是他年幼时亲手栽种的。如今，这棵树被家乡人称为"夫妻树"，这指的是1919年7月，在苏步青赴日前，他奉父母之命而与邻村的马伯华结为连理。两家人家原只一溪之隔，两人又是同年同月同日生，其结合为乡人称道。此后马伯华在家侍奉翁姑，操持农耕和家务，为苏步青的父母养老送终。[3]

从各个方面来说，故乡都是让苏步青留恋的。而步入晚年之后，苏步青对故乡的情谊也愈发深厚。"走来走去还是温州最好，吃来吃去还是家乡的芋芳最香。"[4]这位踏遍千山的老者把对故乡的情凝聚在这两句朴素的话语之中。1980年《平阳报》创刊，向平阳籍知名人士求赐墨宝，收到了苏步青的题诗：

> 梦里家山几十春，寄将瘦影问乡亲。
> 何时共赏卧牛月？袖拂东西南北尘。

题识："《平阳报》复刊纪念，庚申仲秋，苏步青。"这则题词刊登在试刊的首期报纸第一版。[5]在后来的一封信件中，苏步青也再三表达了回家乡看

---

[1] 苏德晶：《我的爸爸》，载《文章道德仰高风》。
[2] 苏尔馥：《夫妻树下忆母亲》，载《新民晚报》，2007年8月29日。
[3] 汪新亮：《卧牛山下一少年——苏步青与长子苏尔馥的一次人生谈话》，载《文学报》，2011年1月13日第12版。该文摘录了一则笔记，为了解苏步青在老家的情况提供了参考。但文中也有自相矛盾的说法，如云"1917年阴历六月，趁苏步青留日暑假返国完婚，结婚一月后，苏步青仍去日本留学"，又说"十七岁到日本留学，寒暑假回国结婚后"。按，苏步青1919年之前并未出国留学，不存在"回国"的问题；1919年赴日也是在秋季。今苏尔馥先生已作古多年，该文发表也已稍有年份，虽经多方打听，未能与汪先生取得联系，亦未曾见其他散落的笔记，以查证其出处，是为憾事。
[4] 王增藩：《苏步青传》，浙江科学技术出版社，2010，第186页。
[5] 郑立于：《追忆苏公步青先生》，平阳新闻网，2013年5月31日。

看的意愿：

> 我家遥隔白云端，梦里春深听杜鹃。
> 衣锦夜行非昔日，闻鸡起舞记当年。
> 锲而不舍镂金石，老益无能让俊贤。
> 忆得坡公誓江水，难忘乡井未归田。[1]

然而，由于公务繁忙和健康状况，苏步青只好一再推迟预定的返乡行程。直到1987年，他才得以乘上回温州的航船，前去考察筹办于1984年、由他任名誉校长的温州大学。"永夜涛声摇远梦，半宿月色报清秋"，重回旧居，重温儿时喝的井水，他饱经沧桑的双眼写满了对故乡的眷恋。在温州大学参观访问期间，苏步青厉行节约，一切从简，给当地师生和办事人员都留下了深刻印象，这成为他们引以为荣的经历。

担任温州大学名誉校长，为苏步青关心家乡提供了新的途径。1984年4月，国务院将温州列为进一步对外开放的14个沿海城市之一。在上海工作的温州籍专家学者举行座谈会，一致认为，应当创办一所新的大学，并为其提供必要的支撑，以适应温州的发展形势。经过浙江省高教会议安排，由魏萼清组织筹备，后亦由其担任首任校长。此后，只要听闻来者是温州人，苏步青都要关心了解温州大学的情况；对于寄去的校刊，也时常翻阅。苏步青说："我一定去一次温州，看望大家。到时候叫谷超豪同志一起去，今后让他多出面，代替我，这样不是更好吗？"[2]

到1991年，苏步青得以再次回到家乡，过90岁寿辰。回到了老屋，"坐坐睡过的眠床，探探宅后的水井"，日程排满，视察、座谈、接见；在平阳老家，听说当地人民要给他修缮故居，建造纪念馆，他便说："我的侄儿、侄孙很多，旧房子给他们住算了。我一生为人民服务不够，有什么功劳？绝对不要搞故居、纪念馆。"[3] 老屋破旧，屋顶漏水，温州大学派人前去修理，苏步

---

[1] 郑立于：《追忆苏公步青先生》，平阳新闻网，2013年5月31日。
[2] 魏萼清：《苏老教我当校长》，载《文章道德仰高风》，第66页。
[3] 王增藩：《苏步青传》，浙江科学技术出版社，2010，第190页。最终，这处故居在他身后的2015年改建为"苏步青励志教育馆"。

青再三道谢。来到温州大学，苏步青对这所学校的变化也欣喜赞叹："这次来看到温大的面貌完全改变了，非常高兴，觉得自己也变得年轻了。这些年来我们温州大学发展很快，已经为国家培养了一批急需的专门人才，有些毕业生已经作出了成绩，这是值得庆贺的。"[1]

经由温州大学这一媒介，苏步青对家乡的深情厚谊融到了对新创学校办学思路的指导上。他提出"从小到大，逐步发展""尽力而为，量力而行"；办学与做学问，靠的都是"艰苦奋斗"这四个字。在他的指导下，温州大学建立了"面向温州，适应温州经济发展需要，为对外开放服务"的方针。对于学生思想状况和教师的待遇问题，苏步青也都有所建言。1999年，同样出生于温州的谷超豪亲自出任了温州大学校长。

这两次来之不易的故乡之行，给苏步青留下了深刻的印象：

申江北望思悠悠，身寄铁轮南下舟。
永夜涛声摇远梦，半窗月色报清秋。
良朋老伴今何在？锦瑟年华空自流。
为偿黉门几多债，遂忘懒拙向东瓯。

铁鸟南飞云路悠，耄年来尝鹿城秋。
胸中雁荡嵯峨在，眼底瓯江委曲流。
几处楼台初矗立，何时车辆恣奔游。
纵横黉舍弦歌里，待看群英耀九州。

字里行间，流露出他对家乡亲友的眷恋之情，凝聚着对家乡的深厚之意。1993年，在续编的《平阳县志》刊印之际，他又为这部家乡志书的扉页题签。

旧体诗与书法，这两样艺术在苏步青的晚年可谓独具特色。当他在数学和教学上的工作逐渐停歇，他的这些"业余"爱好就为他赢得了更多人的关

---

[1] 魏萼清：《苏老教我当校长》，载《文章道德仰高风》，第66页。

注。复旦的学生喜欢向他们的苏校长索诗,苏步青也欣然写赠:

> 我爱青春亦爱诗,老来闲梦少年时。
> 扶桑东渡波涛涌,故国平居离乱悲。
> 孰谓百篇能问世,不期双鬓早成丝。
> 家山咫尺慵归去,步履空夸健似飞。

苏步青的诗作也引来社会上不少人的兴趣。1981年4月,曾在上海口琴总厂一分厂当工人的张官诚,寄给苏步青一封信,信中不仅谈了自己十几年来收集和研究苏步青诗作的体会,还将珍藏多年的一张刊登了苏步青诗作的旧剪报寄给了他。这张剪报上的八首七律都是苏步青在"抄家"过程中丢失的,其中《雁荡山行杂咏》《游灵岩寺·中折瀑布》《大龙湫》《将别雁山作》还是他的得意之作。张官诚还就其中一首诗与苏步青"疑义相与析"。诗作的失而复得让苏步青欣喜不已。[1]苏步青还给自己立下规矩:

> 写诗有"三写"和"三不写"。所谓"三写",即咏人民之志、社会主义之志的写,给人们鼓励的写,有利于中外文化交流的写。所谓"三不写",即无病呻吟的不写,溜须拍马的不写,客套应酬的不写。[2]

1981年夏天,数学界国际"双微"(微分方程、微分几何)会议在上海召开。会议结束后,与会的不少数学家都知道苏步青有写诗这个雅兴,就纷纷向他索诗。苏步青不仅满足了他们的请求,还挥毫泼墨,以书法相赠。

苏步青将他1938至1972年间写的词,编成上、下两卷,题名为《青芝词抄》。又将在"十年内乱"中被抄去的诗加上新作,编成《原上草集》。谈及是否准备出诗集,苏步青对来访的记者说:"我写诗纯系业余,今后也只希望保持业余地位。国家给我出了那么多数学方面的专著,我不想再增加国家的

---

[1] 王增藩:《苏步青传》,浙江科学技术出版社,2010,第147页。
[2] 张德明、章甫:《"此身到老属于党"》,载《文汇报》,1991年10月2日。

负担了。"[1] 不过他的诗作还是频频见诸报端，例如在1989年国庆前夕，苏步青又将他魂牵梦萦的浙江写入诗句之中：

> 别梦迢迢卅七秋，归心永忆是杭州。
> 由来吾浙多英俊，四化声中争上游。

继在浙大成立过吟社之后，苏步青又邀请到当时复旦大学中文系的郭绍虞、朱东润等名家，成立了由书法家、中文系讲师楼鉴明召集的复旦大学书画协会。[2] 苏步青亲自担任社团的首席顾问。其实，苏步青早年的字并不很好，他对书法的兴趣，更多地来自夫人松本米子的指点。同样是在回忆录中，苏步青写道：

> （松本米子）的书法很有功底，有一次我的一个学生对我说："苏师母的字要比苏先生的好得多。"正是在她的影响下，我才认真地临帖习字，有点进步。在我们的晚年，我常常拿着替朋友们写的条幅到楼上去请她过目，她尽管躺在床上，目光还是那么锐利，常常指出这样那样的缺点。[3]

数学家哈代曾将数学家比作画家和诗人，因为同这些艺术家一样，数学家追求的也是形式与意涵的紧密贴合，在纷繁表象之中创造出种种新颖的模式。[4] 或许对于研究和教授几何学的苏步青来说，情况更是如此。作诗与书法使他得以运用艺术细胞，而这与他毕生追求的事业，同样系出一源。

由于积劳成疾，松本米子于1986年5月23日在上海病逝。

追忆自己的师母，谷超豪在追悼会上的致辞中说："一个加入中国国籍，

---

[1] 葛乃福：《拙爱诗吟偏有味——访著名数学家苏步青教授》，载《人民日报》，1982年4月4日。
[2] 楼鉴明（1951—1993），奉化人，生于上海。1977年考入复旦大学中文系，1981年毕业后留校任教。曾任中国书法家协会会员，中国训诂研究会会员，上海市大学书法教育协会副会长，复旦大学书画篆刻研究会副会长，复旦大学中文系讲师。参见洪可尧主编：《四明书画家传》，宁波出版社，2005，第342页。
[3] 苏步青：《我的夫人苏松本》，载《苏步青文选》，浙江科学技术出版社，1991。
[4] Hardy G. H. A mathematician's apology. Cambridge University Press, 1940: 84.

在中国这片土壤上生活了五十多年的外国人，这样地热爱我们的国土，这样地支持丈夫所从事的事业，这样地和我们民族的人民同甘共苦、生死与共，她的人生就是一本很好的教科书，她教导我们怎样做人，怎样做一个有益于社会、有益于人民的人。"[1]而李大潜至今还记得在老师家看到过的那架古筝，却从未听到它响起来过，相反，看到的总是师母忙碌的身影。"师母走后，苏老到哪都带着她的照片，这也许代表了他的感恩之情吧。"

时人评价说："她向往中国的首都北京，可是一生中没有去过北京。苏老从担任第一届政协委员到1986年，去北京的机会有上百次，可是苏夫人总因注意影响而不愿同行。到了苏步青从重要领导岗位上退下的时候，她却离开了人间。苏夫人把爱留在人间，苏步青把爱永远留在了心底。"[2]而苏步青自己，则在怀念的文章中写下了一句："她牺牲了自己的一切。"[3]

图32　苏步青（右）与苏步皋在杭州（摄于1924年）

苏步皋、苏步青兄弟海峡相隔，音讯断绝长达34年。直到1980年年中，他们才得以通信往来。苏步青赠诗云：

---

[1] 苏步青：《神奇的符号》，江苏人民出版社，2008，第155页。1953年，松本米子获得批准，加入了中国国籍并改名为苏松本。在经济困难时期，她还把自己节约下来的粮票、肉票上交。苏步青：《我的夫人苏松本》，载《苏步青文选》，浙江科学技术出版社，1991，第203—208页。
[2] 张德明、章甫：《"此身到老属于党"》，载《文汇报》，1991年10月2日。
[3] 苏步青：《我的夫人苏松本》，载《数与诗的交融》，第56页。

> 平生未礼佛，老始访名山。
> 列岛屏千翠，怒涛响万滩。
> 瀛洲初日丽，野寺晚钟闲。
> 寄语台澎友，归来风一帆。

> 河淡星稀夜色幽，一年佳节又中秋。
> 共看明月思千里，欲御长风行九州。
> 丹桂无因栽玉宇，嫦娥何事在琼楼？
> 会当携手团圆聚，销却年来两地愁。

十年之后的1990年6月14日，苏步皋在台北县（今新北市）新店市耕莘医院猝然而逝。[1] 苏步青无法前去赴丧，只能发去传真送上哀思：

> 大哥千古。四十四年如电驰，不信骑鲸真永别。百亏五岁终仙逝，犹期跨鹤重归来。
>
> 　　　　　　　　　二弟尚良（步青）哀挽

原配夫人马伯华于1993年3月16日逝世。[2]

90岁之前，苏步青的身体一直尚可，特别是他88岁高龄还上过黄山，获得过"全国健康老人"称号。良好的身体素质，健康的心态，规律的作息和经常性的锻炼，让苏步青在晚年相当长时间内一直能够保持工作状态。作为"党和国家领导人"（全国政协副主席），他的名字频频出现在报上。1993年6月3日，苏步青还获得日本授予文化界杰出人士的勋二等瑞宝章。然而自从1995年3月最后一次出席全国政协会议之后，因年龄和健康原因，苏步青再难经受旅途奔波了。他的生活圈子缩小了许多，除了零星而个别的接见外，苏步青像一位普通的老人那样，过上了平静而几无波澜的晚年生活。

---

[1] 苏尚毅：《苏步皋先生事略》，载台湾《温州会刊》，1990（4），第30页。
[2] 苏尔馥：《夫妻树下思母亲》。

图33　复旦第九宿舍东南边的苏步青故居

在苏步青居住的小楼外，是他亲手栽种的夹竹桃，还有月季、蔷薇等，藤萝爬满了屋墙，一派生机盎然的景象。然而在1999年医院第一次发出病危通知之后，他就再也见不到这些红花绿植了。之后，他经常处于神志不清的半昏迷状态，依靠透析和呼吸机生存，不能下床。2002年，苏步青开始认不出那些不常见到的人；慢慢地，连家人也变得陌生；再然后，最好的医疗和药物也失去了作用……[1]

2003年3月17日，苏步青在上海逝世，享年101岁。

---

[1]　陈里予：《"父亲走得很平静很安详"》，载《新闻晨报》，2003年3月18日。

终 章
"有一分热，发一分光"

……所以我时常害怕，愿中国青年都摆脱冷气，只是向上走，不必听自暴自弃者流的话。能做事的做事，能发声的发声。有一分热，发一分光，就令萤火一般，也可以在黑暗里发一点光，不必等候炬火。[1]

在鲁迅写下这篇文章的1919年，苏步青来到上海，登上了东渡日本的航船。我们已经看到了这之后发生的故事。这两位相差21岁的浙江人之间其实并无太多交集，但他们殊途而同归：倔强地探求着，为新知识的生长深耕土地。

20世纪80年代末，苏步青不无遗憾地对自己的学生说："我老了，不能像过去一样做基础理论研究了。"在谈及自己过去所作的仿射微分几何和射影微分几何研究时，他沉重而又坚定地说"那些几何已经dead"，但言语间并无惋惜。就如同20世纪70年代，面对工农兵学员"你现在的水平还不如你的学生谷超豪老师，他的名气比你大多了"这般揶揄时，苏步青所作出的回应那

---

[1] 鲁迅：《随想录·四十一》。

样:"我教出一个名气比我还响的学生。"那些时候,苏步青都早已过了青春迸发、创造迭出的年纪。可是,在那许许多多满载声名的学生心中,有一位共同的师者叫作:苏步青。

这就不免让人回想起鲁迅的那篇《随想录·四十一》来:"此后如竟没有炬火,我便是唯一的光。倘若有了炬火,出了太阳,我们自然心悦诚服地消失。不但毫无不平,而且还要随喜赞美这炬火或太阳;因为他照了人类,连我都在内。"萤火终究引来了炬火。无论是在理论和纯粹数学领域,还是在应用数学领域,苏步青的学生们做出的成就已越来越显示出世界性的学术影响力。这是一种建立在事实和逻辑上的力量,它需要良好的环境才能生长出来,却不会为任何一种外力扑灭。它会停顿,会削弱,但只要这萤火仍在,就仍有燎原的希望。于亿万的萤火之中,有一个光点叫作:苏步青。

学术热点的转移或许会让过往的成就褪去光泽,然而科学的每一次进步,都离不开前人的奠基。苏步青在艰难境遇中顽强求取的那些答案,不可辩驳地镌刻在了人类的数学史上体现了一个时代最为优异的数学智慧。他在一片急需科学精神滋养的土地,和世界数学的最前沿之间,拼了命地建立起那脆弱的、细若游丝的联结。如今,这始于游丝的联结终于日渐增广为强有力的学术洪流。陈省身曾说:"我们的希望是在21世纪看见中国成为数学大国。"为了这一宏愿,无数人点燃了自己的生命来照亮后人的路。在所有这些光与热的奉献中,有一种方式叫作:苏步青。

附　录
苏步青诗词选注

　　苏步青先生以"工于诗词的数学家"而闻名，有《西居集》《原上草集》《业余词钞》等集，收录于1991年出版的《苏步青文选》中，其中部分诗词摘编于《数与诗的交融》（王增藩编，百花文艺出版社，1999年）、《诗铎·第三辑》（陈思和、胡中行编，复旦大学出版社，2014年）等。复旦大学中文系周斌武教授曾评价说："苏老有才华，有学问，但他写诗，从来不矜才恃气，用古人的话说，即'不以才学为诗'。苏老是科学家，但他写诗偏重想象，善用形象思维，'不涉理路'，不以议论说理为诗。"[1]而在旧体诗之外，他的词又另有一番滋味。诗词互为表里，进而又与他的数学教育事业相伴相随，展现出他丰富的内心世界。

赠友诗作

子恺宴楼外楼

野水溪云淡欲收，波光舫影满前楼。

---

[1] 周斌武：《读〈苏步青业余诗词钞〉》，载《复旦学报（社会科学版）》，1998（5），第113—117页。周斌武（1924—2014），江苏太仓人，复旦大学中文系教授。主要从事语言学、汉语历史音韵以及文字学的研究，曾参加《二十四史》标点与《汉语大字典》编写工作。著有《汉语音韵学史略》《中国古代语言学文选》《语言与现代逻辑》（合著）等。

春风湖上一杯酒,几度相逢对白头。

乞画于丰子恺先生

淡抹浓妆水与山,西湖画舫几时闲!
何当乞得高人笔,晴雨清斋坐卧看。

承子恺先生赐画,叠韵谢之

半窗灯火忆黔山,欲话平生总未闲。
一幅先传无限意,梦中争似画中看。

叠前韵赠子恺先生

六桥艭影塔边山,柳下谁家买得闲。
不信右丞诳吾辈,辋川月色至今看。

夜饮子恺先生家赋赠

草草杯盘共一欢,莫因柴米话心酸。
春风已绿庭前草,且耐余寒放眼看。

题子恺先生画

一舸清歌认夜游,岚光塔影笔边收。
如何湖上月方好,柳下归来欲系舟。

1941年9月7日,丰子恺的次女丰林先与平阳人宋慕法在遵义喜结连理,苏步青、陈建功、束星北等浙江大学的教授到场祝贺,一时间嘉宾云集。苏步青素来欣赏丰子恺的漫画,欣然作诗,并与之结为至交。这几首诗中,当数《夜饮子恺先生家赋赠》最为有名。丰子恺在记述他与郑振铎相会的一幕时,就以此作为布景:

我和CT(指郑振铎——引者注)就对坐饮酒。收音机上面的墙上，正好贴着一首我手写的数学家苏步青的诗："草草杯盘共一欢，莫因柴米话辛酸。春风已绿门（注：原诗为庭）前草，且耐余寒放眼看。"有了这诗，酒味特别的好。我觉得世间最好的酒肴，莫如诗句。而数学家的诗句，滋味尤为纯正。因为我又觉得，别的事都可有专家，而诗不可有专家。因为做诗就是做人。人做得好的，诗也做得好。倘说做诗有专家，非专家不能做诗，就好比说做人有专家，非专家不能做人，岂不可笑？因此，"专家"的诗，我不爱读。因为他们往往爱用古典，踏袭传统，咬文嚼字，卖弄玄虚；扭扭捏捏，装腔做势；甚至神经过敏，出神见鬼。而非专家的诗，倒是直直落落，明明白白，天真自然，纯正朴茂，可爱得很。樽前有了苏步青的诗，桌上的酱鸡、酱肉、皮蛋和花生米，味同嚼蜡，唾弃不足惜了！[1]

及至1956年苏步青获得中国科学院科学奖时，丰子恺先生又赠画，题字"种瓜得瓜，种豆得豆"。四子苏德昌回忆："父亲和丰子恺先生是老朋友，父亲经常在我面前谈及丰子恺和他的画。"无巧不成书，20世纪70年代，在苏德昌担任复旦大学外文系日语教研室主任时，丰子恺的长子丰华瞻是复旦大学外文系英语教研室主任，二人做了五六年的同事，两家人的缘分也绵延甚久。[2]

食肉画竹谣（1986）

《左传》一篇文章里，述云"肉食者可鄙"。
当事而未能远谋，徒使千秋嘲笑耳。
东坡居士最风流，有竹不为无肉愁。
我食有肉居无竹，乞诸老友陈从周。
从周教授善画竹，三枝两枝终不俗。

---

[1] 丰子恺：《子恺自传》，海豚出版社，2013，第384—385页。
[2] 叶锋：《与丰子恺先生长子长女共事多年 苏步青四子苏德昌教授细叙往事》，载《温州都市报》，2018年12月20日。

一幅悬之斋壁间，朝夕相看无寂寞。
今年应成大有年，"七五"计划着先鞭。
虚心如竹为民仆，毋对此君仍大嚼。

在这首诗中，提及的则是苏步青的另一位老朋友——陈从周。据建筑学家陈从周回忆，苏步青到了浙大之后，曾作了几首诗去请教邵裴子校长，"邵校长极力称赞（苏步青）诗作得好，说他从一个高级思维（指数学）跳到另一个高级思维"[1]。在陈从周看来，数学的想象力和诗词的创造力有时也是可以对换的，这一点在苏步青身上可以说显露无遗。两位理工科的大家，诗书皆工；对于培养学生，也都赞成"文理相通"，难怪他们颇有一番共同语言。

湄江诗社

这里辑录的四首诗，是苏步青在"湄江诗社"参加"社课"（即定期的吟诗会）时，按照社课上分得的字作韵，从而撰写的诗作。它们本身具有练习的性质，考验的是作诗的技巧。即便如此，在内容上苏步青仍颇费思量，并不完全"为赋新词强说愁"。再者，患难之际，同乡几人零落异乡，这本身就为作诗提供了直接的题材。于是，在对水饮茶的"应景之作"中，苏步青的乡愁也浓得无法抹去。而当这份乡愁进一步又与家国之恨缠结，就又愈发地和对胜利的渴望融合在一起，"马首东旋应有日"即是明证。即便在战事相持的阶段，在贵州深山中的这些浙大教授和友人们仍不放弃胜利的希望。查明代郑善夫有"与谁同泛六桥船"句，虽或出于偶然，亦足见苏步青诗中古韵，而孕育这份诗情的，其实是那骚客着墨甚多的西湖。

试新茶 四首 四期社课分人字
（其一）

客中何处可相亲，碧瓦楼台绿水滨。

---

[1] 见《陈从周纪念文集》，上海科学技术出版社，2003，第199页。

玉瓯新承龙井露,冰瓷初泛武夷春。
皱漪雪浪纤纤叶,亏月云团细细尘。
最是轻烟悠扬里,鬓丝几缕未归人。

(其四)

飘零几度款交亲,不似当时浙水滨。
香袅帘栊留拜月,烟笼楼阁更生春。
半瓯味爽添诗句,一局棋闲净俗尘。
驹隙韶光君莫问,世间谁是百年人。

湄江诗社第二集得先字　四首

(其一)

边疆难得对琼筵,满坐春风一粲然。
离恨偶添人散后,归心直共鸟争先。
岂无桃李芳菲节,欲看河山锦绣年。
马首东旋应有日,诸公同泛六桥船。

(其二)

船头浊浪远连天,三岛陆沉霹雾前。
鲛女如花填碧海,龙媒似电逐苍烟。
谩夸蜀锦回文巧,且上吴峰立马先。
更拣西湖佳丽处,有谁肯借买山钱?

古人说,"文章憎命达"。苏步青吟诗的爱好,成为抗战艰苦生活中的调剂。1943年2月,本着"旨在公余小集,陶冶性情,不有博弈,为之犹贤;大雅之讥,庶几其免"的想法,苏步青和钱宝琮这两位数学系教授,在浙大发起成立了"湄江诗社"。从1943年2月起,几乎每月举行诗会。在湄潭的教授们歌咏抗战、记录生活、抒发情感,共成诗两百余首,编辑出版《湄江诗社诗存》,以求"留一段文字因缘,藉为他日雪泥之证"。关于这段诗缘,苏步青还写过一首词:

木兰花慢

笑先生半老,避强虏,住湄溪。只两袖清风,三间破屋,十载征衣。名和利都无分,任教鞭、南北复东西。桃李寥寥几树,知他何日成蹊。

兴来也学些吟诗,格调未全非。把木杪烟痕,潭边月影,尽付新词。闲愁算才一点,共滩声、碎玉更沉漪。莫问江南旧事,梦中芳草凄迷。

在诗社成立时,社员除了数学系的两位教授外,还包括师范学院院长兼化学系主任王琎,中文系教授祝廉先、胡哲敷,农学院助教兼农场技士张鸿谟。后来,增加了中央实验茶场场长、农学院教授刘淦芝和研究院院长郑晓沧。在1943年中秋,更联合竺可桢校长和陈建功、蒋硕民、王福春、吴耕民等总共30多位教授,以诗词庆贺钱宝琮教授在浙大任教15周年。苏步青词云:

白露下湄水,早雁入秋澄。桂香鲈美时节,天放玉轮冰。求是园中桃李,烟雨楼头归梦,一十五年仍。何物伴公久,布屦读书灯。西来客,吟秀句,打包僧。文章溯古周汉,逸韵到诗朋。好在承欢堂上,犹是莱衣献彩,瑞气自蒸蒸。回毂秀州日,湖畔熟菰菱。

尽管参与者大多是浙江大学的教授,湄江诗社的主持者却并非浙大之人,而是当时国民参政会的参政员江问渔先生[1]。他是中华职业教育社的重要成员,他的儿子江希明、儿媳徐瑞云当时分任浙江大学生物系、数学系教授。苏步青与他唱和甚多,也摘录几则:

问翁见示乙酉

1945年元旦一律次韵奉和

东海衣冠齐避地,南疆岁月几番新。

---

[1] 江问渔(1885—1961),名恒源,字问渔,又号蕴愚,以字行。生于江苏省灌云县板浦盐河西江庄(现属东辛乡尤庄村),是著名的职业教育家。

岁寒而后知松柏,国难于今到士民。
千古孰能逃白发,九州终会净烟尘。
人心天象真和合,花甲重看第一春。

问翁寄示七律一章次韵　二首
隔断吟坛彩笔颠,忧同家国远相怜。
身留自古看花地,梦逐当时漏湿天。
鱼雁有情传秀句,湖山无恙待高贤。
料应乘稳板舆乐,也向南屏系钓船。[1]

和问翁七律原韵　四首
八年漂泊历冰霜,故国初飞雁一行。
定后乾坤仍看剑,乱余行李不须装。
山川迢递人离别,鬓发萧疏泪暗伤。
只恐归时交旧尽,家乡未必胜他乡。

处处青山似越中,家家浊酒醉山公。
重来城郭悲辽鹤,一去琵琶怨塞鸿。
自有明年春草绿,可无前度客颜红。
归心尽共秋风发,空见长江独向东。

别后浙江无限情,秋来几度海潮生。
曾传父老渔蓑约,已负浦汀鸥鹭盟。
万里神州归净域,一杯浊酒庆休兵。
征人暗忆流离日,犹唱阳关三叠声。

---

[1] 问翁江问渔先生令郎江希明、媳徐瑞云系浙江大学生物系、数学系教授。——原注

关于爱情

自泰和寄内　二首（1938）

妆奁锦瑟十三弦，欲听清音路几千。
一曲寒潮明月夜，满江红雨落花天。
离愁每在闲中发，往事常于梦里牵。
记否当年春旖旎，宵深犹奏想夫怜。

三年海上不能忘，六载湖滨乐未央。
国破深悲非昔日，夷来莫认是同乡。
遥怜儿女牵衣小，无奈家山归梦长。
且住江南鱼米地，另求栖息费思量。[1]

赠内（1976）

往事依稀逐逝川，老来相处似神仙。
身经天下万千里，人梦仙台五十年。
雨润琴弦春畹晚，露凉庭桂月婵娟。
但求腰脚长轻快，何用三生石上缘。

赠内（1978）

樱开时节爱情深，万里迢迢共渡临。
不管红颜添白发，金婚佳日贵于金。

这几首诗作于不同的历史时期，苏步青和松本米子（苏松本）经历了不同的历史境遇。尤其是作于1938年的这首写出了二人身份的无奈，更显出战争的荒谬。在1945年的一阕《水调歌头》中，苏步青也带着对孩子们诉说的

---

[1] 二年后，全家西迁遵义。——原注

口吻，写下"父之邦，母之国，竟相仇。同文同种底事，煮豆燃萁忧。羞对茫茫宇宙，益感人生渺渺，天地一沙鸥。哀彼扶桑岛，残镝亦荒丘"。可以说，他的身份让他在特殊的时局中经历了非同一般的磨难，也使他诗词中的视野既站稳中华民族的本位，又不止于狭隘的民族主义窠臼。将"夷来莫认是同乡"与之相对照，苏步青这份对和平的向往，读来也就尤为情真意切。

南乡子　三首

1943年于湄潭

归梦几时无？醒后依然万里余。相对残灯听夜雨，糊涂，认作水乡渔火孤。

乱里数迁居，犹得羁栖读故书。不待鸡鸣先起舞，何如，只恐秋风白鬓须。

湖上木兰桡，滑碧琉璃第几桥。曾约品茶龙井寺，迢迢，山色波光一样娇。

旧事合魂消，况复新愁未肯饶。绿柳长堤音信绝，无聊，想见江头早晚潮。

纤指弄哀筝，回首当年一梦惊。记得轻寒离别夜，无声，春雨楼头坠早樱。

何处诉衷情，锦字蛮笺写不成。纵许和伊通讯问，凄清，万里烽烟客泪零。

菩萨蛮·为米妹作

明眸皓齿仙台女，中原来作畴人妇。纤指忆当时，锦弦斜雁飞。

樱花开烂漫，川鹿声呼唤。夜夜约相逢，毗沙门寺钟。

江城子（1987）

1987年作，米妹逝世将满一年，赋此志哀，用东坡韵。

一年如比十年长，自今后，怎得将！玉骨成灰，半分送仙乡。唯有此愁分不去，朝也想，暮难忘。

迢迢畴昔渡重洋，小儿郎，正牵裳。转瞬之间，相继去茫茫。若问老夫何所似，挥尽泪，未成行。

这里辑录苏步青赠给或有关松本米子的六首（组）诗词中，最后的两首词较为出名。然而这组《南乡子》可以说是韵味独具，特别是其中的第三首，表达了一方面颇具思念之情，另一方面却又害怕问询的复杂心态。这同赠诗中直白的爱情相比较，多了一层迂回曲折。这既是词的风格使然，同时也可看出苏步青情感上丰富而细腻的一面，更可见其用情至深。在1986年，苏步青作了数首悼亡诗，此后也保持着祭奠亡妻的习惯。当年所作的《悼念亡妻米子》中，苏步青特地写了长注：

米子原姓松本，日本仙台市人，1926年初相见于不二寮，又二年结婚，1931年偕回祖国。1953年入中国国籍，改名松本。60年来，为我培育子女8人。抗日战争期间随我西迁，历尽艰辛。新中国成立前夕，劝我不要投台。新中国成立后，大力帮助我克服困难，使有充分教学和科研时间，一半功劳应归功于这位贤母良妻。多年来，积劳成疾，患病住院4年，医治无效，终于1986年5月23日下午3时2分辞世，终年81岁，痛哉！生前爱好音乐，善弹筝，并擅花道、书法，妆奁古琴仍在居室，见物思人，悲夫！

其诗三首，诗曰：

望隔仙台碧海天，悲怀无计寄黄泉。
东西曾共万千里，苦乐相依六十年。
永记辛劳培子女，敢忘贤慧佐钻研。

嗟余垂老何为者，兀自栖栖恋教鞭。

雁柱金徽寂寞寒，古筝犹在碧窗间。
十三弦上无纤指，六十年来凋玉颜。
岂不怀思春畹晚，若为寄远泪阑珊。
去年欹枕数行字，今日翻成绝笔看。

依稀宵梦到庭园，草棘离披不见君。
萝屋有愁还有泪，瑶池无路更无门。
山茶剩蕊燕脂血，月季嫩芽环佩魂。
孰道鸳鸯债能了，梅花纸帐共晨昏。

又如《端午来临，悼亡日近，因赋》，同样作于1986年：

暮年丧侣亦昏昏，今日端阳更忆君。
梦里有时能见面，人间无处可招魂。
弦教纤指留音韵，镜为明眸掩泪痕。
欲鼓盆歌效庄子，偏怜宝玉遁空门。

《书去》（1987年作）：

书去多时未见回，空传海上有蓬莱。
惠姑玉骨成灰早，米妹芳魂入梦哀。
纤指锦弦春雨曲，明眸宝镜晓妆台。
此情此景谁能续，漫把闲愁付酒杯。

情意真切，言辞诚恳，是苏步青晚年的佳作。

新世新诗

赴北平道上（1949）

北上遂吾愿，客身情感多。
风沙欺白日，涕泪渡黄河。
天远倦飞鸟，地荒余带萝。
故都如梦里，处处听秧歌。

北海

北海趁清晨，波光净可亲。
荷残初日露，柏护故宫春。
风雨龙蛇在，江山昼夜新。
无为见烽火，学作武陵人。

南下车中 二首

南下车声夜渐幽，疏星几点入窗流。
驿头争唤西瓜好，错认沧州是德州。

伤心两度此经过，认得青徐战垒多。
夜色苍茫秋一叶，满天星斗渡淮河。

由京还沪车中作（1959）

碧绿窗头望欲迷，江南处处赶收时。
车轮辗破三千里，炉火烧红百万师。
远旅非关游兴发，高居莫与众心违。
山川雄壮偏难写，漫引烟云入小诗。

苏步青早年游历日本，又随浙大奔赴西南，足迹所及之地不可谓少。但是北方对于他来说大体上是陌生的。中华人民共和国成立以后，种种机缘都让他对首都北京心怀向往。"处处听秧歌"的喜悦感染了他，北海公园的景色对他来说也有几分特殊的意义。这些诗作都写于他的中年，也许他没有料到，待到晚年，专程赴京开会有百余次之多。可是即便身居高位，对他来说，也没有改变什么。他曾在给中学教师作讲座时戏言，纵然赴京开会路上有专门的车厢、有士兵站岗，但回到上海的家中，依旧是"吃泡饭，就榨菜"，足以见其节俭的本色经久不变。

悼亡诗

苏步青走过了漫长的一生，也意味着他比一般人亲历了更多的生离死别。除了松本米子之外，与苏步青关系最为密切的当数陈建功。1971年，陈建功教授在杭州逝世。苏步青作诗七首悼念，叙述了他和陈建功的缘分（"学工学理走同途"）和兄弟般的情谊，追忆了往昔的峥嵘岁月。与陈建功的友谊意义之深厚，我们业已从前文中得以了解。这位对他而言十分特殊的朋友，在这样一个特殊的历史时刻逝世，无疑更为令人痛惜。

悼念老友陈建功教授　七首（1971）

噩耗传来似梦中，风前残烛与谁同。
君上"牛车"我戴"笠"，黄泉相见泣秋风。[1]

少年同学在东瀛，五十年间似弟兄。
一去瑶池长寂寞，无须为我传生平。[2]

学工学理走同途，遽尔凋零使我孤。

---

[1] 玉屏峰石君如屏，高数十丈，下有一门通云关。建功兄被"四人帮"迫害，不幸于1971年4月在杭州逝世。——原注
　　"牛车"与"笠"（"高帽"）均为"文化大革命"时被"批斗"者游街时的方式。
[2] 将军岩在观音洞下碧潭旁，以形著名。相传李广将军胜利归来而未封侯，常立大树下以自慰，故有大树将军之称。1934年，君戏语：如我早死，当为作传。——原注

不带花岗岩脑袋，去看上帝作千夫。

畴人夙志冠吾群，写就中华第一文。[1]
五十二年成逝水，是非功过不堪论。

蜀云黔雨几曾经，家国深仇血泪凝。
华表鹤归明月夜，招魂何处望湖亭。[2]

知章船马放翁诗，谈笑风生四海知。
安得一尊相寄与，桂花酒熟月明时。[3]

白云飞出武林城，湖上春寒彼岸樱。
自恐余年成敝屣，怜君身后独哀荣。[4]

1981年《陈建功文集》出版，苏步青为之作序，其中也同样收录了纪念这位亦师亦友的多年伙伴的诗句：

武林旧事鸟空啼[5]，故侣凋零忆酒旗。
我欲东风种桃李，于无言下自成蹊。

清歌一曲出高楼，求是桥边忆旧游。
世上何人同此调，梦随烟雨落杭州。

这两首出自他1977年所作的《仲春偶成》三首之一、之三，记述了来到复旦20多年之后，苏步青对浙大和在浙大度过的青年时代的深深怀念。全面抗战

---

[1] 首篇数学论文写于1919年，并于1921年刊登在日本《东北数学杂志》上。——原注
[2] 建功兄旧居西湖断桥，地离放鹤亭不远。——原注
[3] 建功兄亦绍兴籍。——原注
[4] 杭州大学追悼会上，有150余人参加。——原注
[5] "旧事"又作"别梦"。

爆发前，浙大数学系位于文理学院新楼顶层，所以有"清歌一曲出高楼"之谓。与陈建功的亲密合作，给苏步青留下了深深的记忆。这三首诗中的第二首云：

东风几日暗中吹，墙草披红转绿时。
二十年蔚来此舍，移根培土费扶持。

将世界数学和国外的教学方式（研讨班）移植到中国，并使之具有活力，以使中国能够自己培养出世界一流水平的数学人才——这是陈建功的一生所愿，也是他和苏步青共同的事业。"移根培土费扶持"，固然包含离开浙大来到复旦之后的种种变故，同时也是对苏步青与陈建功二人为中国数学发展鞠躬尽瘁、扶持后学的概括。

1983年10月，苏步青授予茅诚司复旦大学名誉博士称号。这位同苏步青情如兄弟的老朋友，成为我国首批名誉博士称号获得者之一。5年后的1988年11月9日，茅诚司在东京逝世。苏步青前往日本凭吊这位旧友，作长诗缅怀：

缅怀老友茅诚司先生（1988）

机飞往返万余里，身寄苍茫云和水。
此行不是试清游，为吊扶桑茅夫子。
六十年间友亦师，传来噩耗不胜悲。
谊联中日垂千古，永纪先生伟大姿。
忆昔仙台同舍日，相从相励乐无极。
朝勤暮聚共钻研，春赏樱花秋红叶。
君迁北海道三年，我返杭州执教鞭。
谁知一别三十载，梦魂不到思绵绵。
天回地转新中国，喜在京城把手握。
尔来五度莅神州，我亦登门未轻忽。
方谓邦交逐日新，岂期今岁损芳辰。
从知自然规律在，记此小诗怀故人。

苏步青大事年表

1902　9月23日戌时出生

1909　先后受教于族人所设的私塾和白祉臣门下

1911　3月，进入平阳县立第一高等小学（现平阳中心小学）

1913　进入平阳县立第三小学（现水头镇第一小学，故址位于现平阳第二中学）

1915　8月，进入浙江省立第十中学（现温州中学）

1917　夏，与马伯华奉父母之命成婚

1919　7月，从省十中毕业

　　　　9月，赴日，在东亚日语学校（东亚高等预备校）学习日语

1920　2月，进入东京高等工业学校（现东京工业大学）

1924　3月，进入东北帝国大学（现东北大学）

1927　3月，被林鹤一推荐为附属第九临时教员养成所讲师，开始师从洼田忠彦进行微分几何方面的研究

1928　5月8日，与松本米子在日本结婚

1931　3月，博士毕业，回国，在浙江大学任教

1932　4月，任浙江大学数学系主任

1935	7月，参与在上海召开的中国数学会成立大会，被推为《中国数学会学报》主编
1937	西迁开始，送家眷返乡
1938	5月到泰和，后随校迁广西宜山
1939	9月，迁往建德
1940	回乡接家眷赴遵义
1941	随校迁贵州湄潭
	任中央研究院研究员、院士、学术委员会常委
	任《中国数学会学报》总主编
1945	1月，获准休假一年，仍继续教学、研究
	10月，赴台接收"台北帝国大学"（现台湾大学）
1946	3月，返回湄潭
	9月，回到杭州
1947	撰写《微分几何学》教材
1948	9月，任浙江大学训导长
1949	6月，赴京参加全国自然科学联合会筹备会
1950	任浙大教务长
	6—12月，在北京主持中科院数学所筹备工作
1951	加入中国民主同盟
1952	1—6月，在"三反""思想改造"运动中受批判，作交代
	9—10月，因院系调整到复旦大学，仍任教务长
1954	当选为第二届全国政治协商会议委员
1955	随郭沫若率领的考察团访日
	被评选为中科院学部委员（即院士）
1956	受到毛泽东主席接见
	访问苏联、保加利亚、民主德国
	获得中科院科学奖
	9月，任复旦大学副校长
	任第二届、第三届民盟中央委员，第五届、第六届民盟上海市

	副主任委员
1958	8月起，参加《辞海》编纂工作
1959	3月，加入中国共产党
1960	任中国数学会副理事长
1966	8月起，遭到批斗
1968	在"九五"中被抄家
1972	9月起，到江南造船厂劳动
	10月，复旦复课
1974	9月，恢复在复旦讲课，教授日语
	9月至次年1月，在上海工具厂讲课
	开展有关船体数学放样的研究
1977	3月起，在数学系组织恢复基础数学讨论班
	赴京参加科学和教育工作座谈会
	开始主持上海民盟工作
1978	任复旦大学校长
	在上海市数学会年会上作了题为"几何外形设计理论及应用"的大会报告
	担任民盟第四届、第五届中央委员会副主席（任期至1987年止）
	任上海市科技协会主任
1979	6月，率上海科学代表团访问日本大阪，作《中国微分几何学的成长与发展》报告
	任中国民主同盟中央委员会主任委员
1980	创办《数学年刊》，出访法国、比利时，签订校际合作协议
1983	参加日本数学会广岛年会，访东北帝国大学
	任复旦大学名誉校长
	10月，被推举为中国数学会名誉理事长
1984	1月，开办中学教师补习班
	4月，筹建温州大学，被举荐为名誉校长
1986	任上海市对外文化交流协会会长

1988　　2月，出访泰国

　　　　　4月，当选全国政协委员会副主席

　　　　　12月，访日本，凭吊茅诚司

1991　　"苏步青数学教育奖"设立

　　　　　《苏步青文选》出版

1993　　6月3日，获颁日本勋二等瑞宝章

1997　　被推选为民盟中央委员会名誉主席

1998　　10月，获何梁何利基金科学与技术成就奖

2003　　3月17日，逝世

苏步青著述目录

数学论文目录

1927

1. Note on a Theorem of Fekete, Proc. Imp. Acad. Tokyo, 3 (1927), 118-121.

2. On the Osculating Conics of a Plane Curve, Tôhoku M. J., 28 (1927), 254-258.

3. Geometrical Proof of the Independence of a System of Postulates Concerning Equality and Inequality, Tôhoku M. J., 28 (1927), 282 -286.

4. Note on a Theorem of Prof. Kubota, Tôhoku Sc. Rep., 16 (1927), 811-813.

5. Steiner ノ 曲率重心二就イテ (A Theorem on Steiner's Curvature-centroid), Butsuri, No. 432 (1927), 1-3.

6. On Steiner's Curvature-centroid, Jap. Journ. M., 4 (1927), 195-201.

7. On Steiner's Curvature-centroid (Ⅱ), Jap. Journ. M., 4 (1927), 265-269.

8. Certain Double Systems of Curves on the Surface (Ⅱ), Tôhoku Sc. Rep., 16 (1927), 655-665.

9. Certain Double Systems of Ruled Surfaces in the Line Congruence, Jap. Journ. M., 4 (1927), 209-213.

1928

10. Certain Double Systems of Curves on the Surface, Tôhoku M. J., 29 (1928), 166–172.

11. On a Class of Minimal Surfaces, Tôhoku Sc. Rep., 17 (1928), 27–33.

12. On the Curvature-axis of a Convex Closed Curve, Tôhoku Sc. Rep., 17 (1928), 35–42.

13. On the Osculating Ellipses of a Plane Curve, Tôhoku M. J., 29 (1928), 223–224.

14. On a Class of Ovals, Tôhoku M. J., 29 (1928), 278–283.

15. Line Congruences and L-minimal Surfaces (Ⅰ), Jap. Journ. M., 5 (1928), 39–50.

16. Line Congruences and L-minimal Surfaces (Ⅱ), Jap. Journ. M., 5 (1928), 327–335.

17. On the Theory of Surfaces in the Affine Space, Proc. Imp. Acad. Tokyo, 4 (1928), 345–346.

18. Contributions to the Theory of Minimal Surfaces, Tôhoku M. J., 30 (1928), 130–141.

19. On the Theory of Surfaces in the Affine Space: I. Affine Moulding Surfaces and Affine Surfaces of Revolution, Jap. Journ. M., 5 (1928), 185–210.

20. On the Theory of Surfaces in the Affine Space: Ⅱ. Generalized Affine Moulding Surfaces and Affine Surfaces of Revolution, Jap. Journ. M., 5 (1928), 211–224.

21. On the Theory of Surfaces in the Affine Space: Ⅲ. Transformations of Affine Moulding Surfaces, Jap. Journ. M., 5 (1928), 269–287.

22. On the Theory of Surfaces in the Affine Space: Ⅳ. New Treatment of Affine Surfaces of Revolution, Jap. Journ. M., 5 (1928), 289–294.

23. On the Theory of Surfaces in the Affine Space: Ⅴ. Studies on Affine Moulding Surfaces, Jap. Journ. M., 5 (1928), 337–343.

1929

24. On the Theory of Surfaces in the Affine Space: Ⅵ. Contributions to the Theory of Darboux's Curves of the Surface, Jap. Journ. M., 6 (1929), 1–14.

25. On the Theory of Surfaces in the Affine Space: Ⅶ. Affine Moulding Hypersurfaces and Affine Hypersurfaces of Revolution, Jap. Journ. M., 6 (1929), 29–42.

26. On the Theory of Surfaces in the Affine Space: Ⅷ. On the Surfaces Where All the Axes of Ĉech are Affine Normals, Jap. Journ. M., 6 (1929), 205–234.

27. On the Theory of Surfaces in the Affine Space : Ⅸ. On a New Class of Surfaces, Jap. Journ. M., 6 (1929), 301–314.

28. On the Theory of Surfaces in the Affine Space: Ⅹ. Studies on the Surface Σ and Some Allied Problems, Jap. Journ. M., 6 (1929), 319–331.

29. Some Characteristic Properties of Affine Surfaces of Revolution, Tôhoku Sc. Rep., 18 (1929), 177–185.

30. On the Theory of Lines of Curvature of the Surface, Tôhoku M. J., 30 (1929), 457–467.

31. On the Theory of Lines of Curvature of Surfaces (Ⅱ), Jap. Journ. M., 6 (1929), 15–20.

32. Some Classes of Curves in the Affine Space, Tôhoku M. J., 31 (1929), 283–291.

1930

33. On the Theory of Surfaces in the Affine Space: Ⅺ. Affine Minimal Surfaces with Plane Affine Lines of Curvature, Jap. Journ. M., 7 (1930), 9–25.

34. On the Theory of Surfaces in the Affine Space: Ⅻ. Surfaces for Which Canonical Lines are Affine Normals, Jap. Journ. M., 7 (1930), 101–141.

35. Notes on the Theory of Curves in the Affine Space, Jap. Journ. M., 7 (1930), 1–7.

36. On the Cubic Indicatrices of a Surface, Tôhoku Sc. Rep., 19 (1930), 699–702.

37. Eine Bemerkung zur Projektive Differentialgeometrie der Flächen (mit T.

Kubota), Tôhoku Sc. Rep., 19 (1930), 293-300.

38. A Note on the Projective Differential Geometry of a Surface, Jap. Journ. M., 7 (1930), 199-208.

39. A Theorem in Projective Geometry (Cooperated with A. Ichida), Tôhoku Sc. Rep., 19 (1930), 419-423.

1931

40. The Quadrics of Moutard (Ⅰ), Tôhoku M. J., 33 (1931), 26-38.

41. The Quadrics of Moutard (Ⅱ), Tôhoku M, J., 33 (1931), 190-198.

1932

42. On a Certain Class of Surfaces Whose Darboux Curves of One System are Conics, Tôhoku M. J., 36 (1932), 241-252.

1933

43. On Certain Quadratic Cones Projectively Connected with a Space Curve and a Surface, Tôhoku M. J., 38 (1933), 233-244.

44. An Analogue of Bertrand Curves in the Projective Space. Jap. Journ. M., 9 (1933), 239-252.

45. A Note on the Affine Differential Geometry of a Surface, Jap. Journ. M., 9 (1933), 233-238.

1934

46. On the Relation between Affine and Projective Differential Geometry, Sc. Rep. Chekiang, 1 (1934), 43-122.

47. On Certain Cones Connected with a Surface in the Affine Space (Cooperated with A. Ichida), Jap. Journ. M., 10 (1934), 209-216.

48. On the Intersection of Two Curves in Space, Tôhoku M. J., 39 (1934), 226-232.

49. The Canonical Edges of Green, Tôhoku M. J., 39 (1934), 269-278.
Corrections to the paper "The Canonical Edges of Green" in Vol. 39, Tôhoku, M. J., 41 (1935-1936), 460.

1935

50. On the Transformations Σ_k of Ĉech and Applications to the Affine Differential Geometry of a Surface, Tôhoku M. J., 40 (1935), 37–56.

51. On the Surfaces Whose Asymptotic Curves Belong to Linear Complexes, Tôhoku M. J., 40 (1935), 408–420.

52. On the Surfaces Whose Asymptotic Curves Belong to Linear Complexes (II), Tôhoku M. J., 40 (1935), 433–448.

53. On the Surfaces Whose Asymptotic Curves Belong to Linear Complexes (III), Tôhoku M. J., 41 (1935), 1–19.

54. On the Surfaces Whose Asymptotic Curves Belong to Linear Complexes (IV), Tôhoku M. J., 41 (1935), 203–215.

55. On a Certain System of Lie Quadrics, Proc. P. M. Soc., Japan, 17 (1935), 234–239.

1936

56. On the Surfaces Whose Asymptotic Curves Belong to Linear Complexes (V), Tôhoku Sc. Rep., 24 (1936), 601–633.

57. On the Surfaces Whose Asymptotic Curves Belong to Linear Complexes (VI), Tôhoku Sc. Rep., 24 (1936), 634–642.

58. Some Characteristic Properties of Projective Minimal Surfaces, Tôhoku Sc. Rep., 24 (1936), 595–600.

59. On a Certain Pair of Surfaces, Sc. R. Chekiang, 2 (1936), 39–51.

60. On the Surfaces Whose Lie Quadrics All Touch a Fixed Plane, Sc. R. Chekiang, 2 (1936), 53–61.

61. Invariants of Intersection of Two Curves in Space, Tôhoku Sc. Rep., 25 (1936), 22–33.

62. On Certain Periodic Sequences of Laplace of Period Four in Ordinary Space, Tôhoku Sc. Rep., 25 (1936), 227–256.

63. On Certain Configurations (T) of Finikoff and the Transformations of Calapso, J. Chin. M. S., 1 (1936), 174–206.

1937

64. On Certain Configurations (T) of Finikoff and the Transformations of Calapso (Ⅱ), J. Chin. M. S., 2 (1937), 61–83.

65. A Note on the Sequences of Laplace of Period Four, Tôhoku M. J., 43 (1937), 4–10.

66. On Certain Twisted Cubics Projectively Connected with a Space Curve, J. Chin. M. S., 2 (1937), 54–60.

67. Note on the Projective Differential Geometry of Space Curves, J. Chin. M. S., 2 (1937), 98–137.

1938

68. An Extension of Bompiani's Osculants for a Plane Curve with a Singular Point, Tôhoku M. J., 45 (1938), 239–244.

1939

69. Plane Sections of the Tangent Surface of a Space Curve, Ann. Mat., 18 (1939), 77–96.

70. The General Projective Theory of Curves in Space of Four Dimensions, Sc. R. Chekiang, 2 (1939), 115–169.

1940

71. Projective Differential Geometry of Singularities of Plane Curves, J. Chin. M. S., 2 (1940), 139–151.

72. Contributions to the Projective Theory of Curves in Space of n Dimensions, First Memoir, J. Chin. M. S., 2 (1940), 153–173.

73. Contributions to the Projective Theory of Curves in Space of n Dimensions, Second Memoir, J. Chin. M. S., 2 (1940), 277–289.

74. A Note on the Planar Point of a Surface, Revista, 1 (1940), 95–103.

75. Some Arithmetical Invariants of a Curve in Projective Space of n Dimensions, Revista, 1 (1940), 143–157.

76. Sopra Certi Fasci di Quadriche e sul Fascio Canonico, Boll. Un. Mat. Ital., (2) 2 (1940), 438–443.

77. On the Projective Differential Geometry of a Non-holonome Surface in Ordinary Space, Ann. Mat., 19 (1940), 289–313.

1941

78. A Note on the Projective Differential Geometry of a Non-holonome Surface, Ann. Mat., 20 (1941), 213–220.

79. On Certain Cones Connected with a Non-holonomic Surface in Affine Space, Tôhoku M. J., 48 (1941), 225–234.

1942

80. Note on a Theorem of B. Segre, Sc. Record, 1 (1942), 16–19.

81. A Generalization of the Canonical Quadric of Wilczynski in the Projective Theory of Non-holonomic Surfaces, Revista, 3 (1942), 351–362.

1943

82. Osculating Conics of the Plane Sections Through a Point of a Surface, Amer. J. Math., 65 (1943), 439–449.

83. Moutard-Ĉech Hyperquadrics Associated with a Point of a Hypersurface, Annals of Math., 44 (1943), 7–20.

84. Plane Sections Through a Point of a Non-holonomic Surface, Amer. J. Math., 65 (1943), 701–711.

85. The Projective Differential Geometry of a Non-holonomic Hypersurface, Duke M. J., 10 (1943), 575–586.

86. On Certain Pairs of Surfaces in Ordinary Space, Bull. Amer. Math. Soc., 49 (1943), 722–729.

87. The Characteristics of Asymptotic Osculating Quadrics of a Curve on a Surface, Bull. Amer. Math. Soc., 49 (1943), 904–912.

1944

88. Plane Sections Through an Ordinary Point of a Hypersurface, Revista, 4 (1944), 329–362.

89. A New Invariant of Intersection of Two Hypersurfaces, Revista, 4 (1944), 321–327.

1945

90. A Theorem on Surfaces, Sc. Record, 1 (1945), 277–282.

91. General Projective Theory of Curves in Space of Five Dimensions, Sc. Record, 1 (1945), 268–274.

1946

92. On Certain Tac-Invariants of Two Curves in a Projective Space, Quart. J. M., 17 (1946), 116–118.

93. The Theory of Contact of Curves in a Projective Space of n Dimensions, Duke M. J., 13 (1946), 485–494.

94. On the Surfaces Whose Wilczynski Quadrics All Touch a Fixed Plane, Revista, 5 (1946), 363–373.

1947

95. Descriptive Collineations in Spaces of K-spreads, Trans. A. M. S., 61 (1947), 495–507.

96. On the Point of Inflexion of a Curve in a Projective Space, Ann. Mat., (4) 26 (1947), 177–197.

97. On the Isomorphic Transformations of K-spreads in a Douglas Space, Sc. Record, 2 (1947), 11–19.

98. Alcuni Invarianti di Contatto di Due Varietà in Uno Spazio Proiettivo, Boll. Un. Mat. Ital., (3) 1 (1947), 9–12.

1948

99. On the Isomorphic Transformations of K-spreads in a Douglas Space (II), Sc. Record, 2 (1948), 139–146.

100. A Characteristic Property of Affine Collineations in a Space of K-spreads, Bull. A. M. S., 54 (1948), 136–138.

1949

101. Geodesic Deviation in Generalized Metric Spaces, Sc. Record, 2 (1949), 220–226.

102. Lie Derivation in the Geometry of Conformal Connections, Sc. Record,

2 (1949−1950), 331−339.

103. Contributions to the Projective Theory of Curves in Space of Five Dimensions, Revista, 7 (1949), 15−79.

1950

104. A Generalization of Descriptive Collineations in a Space of K-spreads, Journ. London Math. Soc., 25 (1950), 236−238.

105. Axiom of the Plane in a Space of K-spreads, Sc. Record, 3 (1950), 7−16.

106. Integrability Conditions in a Descriptive Geometry of K-spreads, Revista de Ciencias, 52 (1950), 49 −58.

1951

107. Extremal Deviation in a Geometry Based on the Notion of Area, Acta Math., 85 (1951), 99−116.

108. The Representable Singularity of a Curve in a Projective Space, 数学学报, 1 (1951), 1−35.

109. A New Tensor in a Descriptive Geometry of K-spreads, Science Record, 4 (1951), 323−327.

1952

110. 关于多重面积测度空间的体积积分的第一及第二变差（The First and Second Variations of the Volume Integral in a space with a Multiple Areal Metric）（与谷超豪合作），数学学报, 2 (1952-1953), 231-245.

111. 有面积测度的远交联络空间的体积几何学 (Volumentary Geometry of an Affinely Connected Space with Areal Metric), 数学学报, 2 (1952-1953), 246−257.

1953

112. 曲面的渐近线网与调和线汇 (Asymptotic Nets and Harmonic Congruences), 数学学报，3 (1953), 167−176.

1954

113. 论射影空间曲线的阶点, 数学学报, 4 (1954), 33−79. The Step Point of a Curve in Project Hyperspace, Acta Scientia Sinica, 3 (1954), 107−151.

1955

114. K展空间几何学的新发展 (Recent Development of Geometry of K-spreads), 复旦学报, 1 (1955), 3−25.

115. 芬斯拉空间极小超曲面的同构变换 (On the Isomorphic Transformations of Minimal Hypersurfaces in a Finsler Space), 数学学报, 5 (1955), 471−488。

116. 一般空间几何学的新发展 (Recent Development of Geometries in Generalized Spaces), 数学进展, 1 (1955), 615−637.

1956

117. 射影极小曲面的杜慕兰变换 (On Demoulin Transforms of Projective Minimal Surfaces) （Ⅱ）, 复旦学报（自然科学版）, 1 (1956), 111−119.

118. 正则的嘉当空间极小超曲面的柯什密德不变量和附属微分方程, 数学学报, 6 (1956), 374−388.

Koschmieder Invariant and the Associate Differential Equation of a Minimal Hypersurface in a Regular Cartan Space, Mathematische Nachrichten, 16. Band, Heft 2, (1957), 117−129.

119. 射影极小曲面和它的戈德叙列, 复旦学报（自然科学版）, 2 (1956), 101−107.

Godeaux Sequences of a Projective Minimal Surface and Its Demoulin Transforms, Annale Stiintifice ale Universității, Al. I. Cuza din Iasi (Serie Nouă), 2 (1956), 1−7.

120. 具有面积测度的空间的几何学，复旦学报（自然科学版）, 1 (1956), 79−85.

The Geometry of Spaces with Areal Metric, Mathematische nachrichter, 16 (1957), 281−287.

1957

121. 射影极小曲面的杜慕兰变换（Ⅰ）, 数学学报, 7 (1957), 28−50.
On Demoulin Transforms of Projective Minimal Surfaces (I), Scientia Sinica, 6 (1957), 941−965.

122. 射影极小曲面的杜慕兰变换(On Demoulin Transforms of Projective Min-

imal Surfaces) (Ⅲ), 数学学报, 7 (1957), 123-127.

123. Axiom of the Plane in a Descriptive Geometry of K-spreads, Math. Nachr., 16 (1957), 215-226.

124. A Generalization of Descriptive Collineations in a Space of K-spreads, Math. Nachr., 16 (1957), 227-232.

125. 具有面积测度的一些仿射联络空间, 数学学报, 7 (1957), 285-294.

Certain Affinely Connected Spaces with Areal Metrics, Scientia Sinica, 6 (1957), 967-975.

126. 面积空间的某些仿射联络的确定, 科学记录（新辑）, 1 (1957), 179-181.

On the Determination of Certain Affine Connections in an Areal Space, Scien. Record, New Series, 1 (1957), 195-198.

127. Godeaux Sequences and Associate Laplace Sequences of a Projective Minimal Surface, Bull. Acad. Roy. Belgique, Cl. des Sciences, (5)43(1957), 569-576.

128. 关于射影极小曲面的研究 (On the Study of Projective Minimal Surfaces), 复旦学报（自然科学版）, 2 (1957), 324-333.

1958

129. Contributions to the Theory of Projective Minimal Surfaces, Revue de Math., 3 (1958), 173-189.

130. On the Theory of Affine Connections in an Areal Space, Bull. Math. Soc. Math. Phys. R. P. R., 2 (50), (1958), 185-190.

131. 射影极小曲面的杜慕兰变换 (On Demoulin Transforms of Projective Minimal Surfaces) (Ⅳ), 数学学报, 8 (1958), 239-242.

132. 射影极小曲面的杜慕兰变换 (On Demoulin Transforms of Projective Minimal Surfaces) (Ⅴ), 数学学报, 8 (1958) , 276-280.

133. 附属于射影极小曲面的一些 Laplace 叙列, 科学记录（新辑）, 2 (1958), 159-163.

Laplace Sequences Associated with a Projective Minimal Surface, Sci. Record (New Series), 2 (1958), 183-188.

134. 射影极小曲面的一个显著族, 复旦学报（自然科学）, No. 1 (1958), 80-85.

Travaux Sci. de L Institut Pedag. Timisoara, (1959), 65-72.

135. Recent Progress in the Differential Geometry of a Space of K-spreads, 罗马尼亚科学院几何拓扑会议记录, (1958), 21-30.

1959

136. 射影曲面论的一个问题, 科学记录（新辑）, 3 (1959), 111-115.

A Problem in the Projective Theory of Surfaces, Sci. Record (New Series), 3 (1959), 143-148.

137. 关于高维空间共轭网论的一个注记, 科学记录（新辑）, 3(1959), 359-362.

A Note on the Theory of Conjugate Nets in Hyperspace, Sci. Record (New Series), 3 (1959), 441-445.

138. 关于两个黎曼测度的芬斯拉乘积空间 (On Finslerian Product Space of Two Riemannian Metrics), 复旦学报（自然科学版）, No.2 (1959), 1-11.

139. 关于高维射影空间共轭网论的研究（Ⅰ）, 数学学报, 9 (1959), 446-454.

Contributions to the Theory of Conjugate Nets in Projective Hyperspace (7), Scientia Sinica, Ⅹ (1961), 15-25.

140. The Developments of Differential Geometry in China for the Past Ten Years (Cooperated with Ku Chao-hao), Scientia Sinica, Ⅷ (1959), 1238-1242.

1961

141. 关于高维射影空间共轭网论的研究（Ⅱ）, 数学学报, 11 (1961), 41-46。

Contributions to the Theory of Conjugate Nets in Projective Hyperspace (Ⅱ), Scientia Sinica, Ⅹ (1961), 491-498.

142. 关于高维射影空间共轭网论的研究（Ⅲ）（与王家琏合作）, 数学学报, 11 (1961), 333-339.

Contributions to the Theory of Conjugate Nets in Projective Hyperspace (Ⅲ)

(Cooperated with Wang Chia-Leng), Scientia Sinica, XI (1962), 163-172.

1962

143.关于高维射影空间共轭网论的研究（Ⅳ）,数学学报, XI (1962), 340-347.

Contributions to the Theory of Conjugate Nets in Projective Hyperspace (Ⅳ), Scientia Sinica, XI (1962), 457-468.

144. 论多重可分层的闭拉普拉斯叙列偶, 复旦学报（自然科学版）, 7 (1962), 35-39.

高等学校自然科学学报（数学、力学、天文版）试行本, 1 (1964), 12-16.

On Multiply Stratifiable Couples of Closed Laplace Sequences, Scientia Sinica, XIV (1965), 811-815.

1963

145. 关于高维射影空间共轭网论的研究（Ⅴ）,数学学报, 13 (1963), 136-143.

Contributions to the Theory of Conjugate Nets in Projective Hyperspace (V), Scientia Sinica, XI (1962), 1443-1454.

146. 关于伴随构图 (T) 的一个注记 ［A Note on the Associate Configurations (T)］, 复旦学报（自然科学版）, 8 (1963), 251-259.

高等学校自然科学学报（数学、力学、天文版）试行本, 1 (1964), 185-194.

1964

147. 论普通空间里某些闭拉普拉斯叙列偶,数学学报, 14 (1964), 151-174.

On Certain Couples of Closed Laplace Sequences of Period Four in Ordinary Space, Scientia Sinica, No. 3, XIII (1964), 347-374.

148. 欧几里得尺度作为明可夫斯基尺度的一个特征(A Characteristic Property of Euclidean Metric as Minkowskian), 数学进展, 7 (1964), 228-230.

149. 论双方多重可分层的闭拉普拉斯叙列偶 (On Two-sided Multi-Stratifiable Couples of Closed Laplace Sequence), 数学学报, 14 (1964), 757-764.

1965

150. Barner定理的一个证明和其应用（A Proof of Barner's Theorem with an application), 数学进展, 8 (1965), 417-420.

1966

151. 关于高维射影空间共轭网论的研究 (Contributions to the Theory of Conjugate Nets in Projective Hyperspace)（Ⅵ），数学学报，16 (1966)，528-536. On Pseudo-periodic Sequences of Laplace in Projective Hyperspace, Analele Stiintif. din Iasi, XI8 (1965), 291-305.

1973

152. 摆线和拟螺线(Cycloids and Quasi-helices)（与华宣积合作），复旦学报，3 (1973)，28-39.

1976

153. 内齿轮啮合中某种干涉现象的几何意义 (The Geometric Meaning of Certain Interfere Phenomena of Inner Gears Meshes), 复旦学报，1 (1976)，54-60.

154. 关于三次参数样条曲线的一些注记 (Notes on CubicParametric Splines), 应用数学学报，1 (1976)，49-58.

155. 滚珠保持器的数学模型 (Mathematical Model of Roller Nest), 数学的实践与认识，4 (1976)，46-54.

1977

156. 球面锥齿分度圆上的压力角及其齿厚的测量数据 (On the Measuring Data of Pressure Angle and Tooth Thickness of Cone Gears), 数学的实践与认识，1 (1977)，54-57.

157. 关于三次参数样条曲线的一个定理 (A Theorem in the Theory of Cubic Parametric Splines), 应用数学学报，1 (1977)，49-54.

158. 圆维齿轮设计中的一些几何学问题 (Some GeometricProblems in Design of Cone Gears), 复旦学报，1 (1977)，50-62.

159. 关于五次有理曲线的注记 (Note on Parametric Quintic Splines), 应用数学学报，2 (1977)，80-89.

160. 有理整曲线的几个相对仿射不变量 (Some Relative Affine Invariants of a Parametric Spline of Higher Orders), 复旦学报，2 (1977)，22-29.

1978

161. 几何外形设计理论及其应用 (Theory and Application of Geometric

Shape Design)，上海市数学会年会大会报告论文，(1978).

1979

162. 双圆弧逼近的拓广 (An Extension of the Biarc Curve Fitting)（与华宣积合作），复旦学报（自然科学版），No.4, 18 (1979), 1–9.

163. 新中国数学工作的回顾（与孙莱祥合作），《自然杂志年鉴》，1979, 73–81.

A Survey on the Developments of Mathematics in New China, 《30 Years' Revlew of China's Science and Technology》, 55–63.

1980

164. 高维仿射空间参数曲线的几个不变量 (Some Invariants of a Parametric Curve in Affine Hyperspace)（与忻元龙合作），应用数学学报，3 (1980), 139–146.

165. Some Intrinsic Invariants of a Parametric Curve in Affine Hyperspace, 上文英译（去掉忻元龙所作的部分），数学年刊, 1 (1980), 199–206.

166. 论Bézier曲线的仿射不变量 (On Affine Invariants of a Bézier Curve), 计算数学, 3 (1980), 289–298.

1981

167. 计算几何 (Computational Geometry)（与刘鼎元合作），数学进展, 10 (1981), 35–47.

168. 数学教育五十年 (50 Years of Mathematical Education in China), 自然杂志, 4 (1981), 577–580.

169. 计算几何的新发展 (Recent Development of Computational Geometry)（与刘鼎元合作），自然杂志, 4(1981), 729–734.

170. Growth and Development of Differential Geometry in China, Proc. 1981 Shanghai Symposium on Differential Geometry and Differential Equations. Sciences Press, Beijing, 1984, 359–379.

1982

171. 计算几何中的仿射不变量理论及应用（与刘鼎元合作），中国科学，A辑第10期 (1982), 867–877.

An Affine Invariant Theory and Its Application in Computational Geometry (Co-operated with Liu Dingyuan), Scientia Sinica, Series A, 26, No. 3 (1983), 259–272.

172. Bézier曲线的包络定理 (Envelopes Theorems for Bézier Curves) （与金通洸合作），浙大学报, 1982年计算几何讨论会论文集, 13–16。

1983

173. 中国における微分幾何学の成長と發展, 数学（日本数学会雑誌）, 35 (1983), 221–228.
微分几何学在中国的成长与发展 (Growth and Development of Differential Geometry in China), 数学译林, 4 (1985), 12–18.

1985

174. Families of Adjoint Patches for a Bézier Triangular Surface (Cooperated with Geng-zhe Chang), CAGD, 2 (1985), 37–42.

1986

175. 中国数学会五十年 (50 Years of Chinese Mathematical Society), 科学杂志, 38 (1986), 5–8.

176. 《数学学报》五十年 (50 Years of ACTA Mathematica Sinica), 数学学报, 29 (1986), 721–722.

苏步青主要学术著（译）作目录

书名	作者	出版社	出版年
微分几何学	苏步青著	正中书局	1948
解析几何学	勃立瓦洛夫著；苏步青译	商务印书馆	1953
射影曲线概论	苏步青著	科学出版社	1954
几何学基础	［苏］柯斯琴（В. И. Костин）著；苏步青译	商务印书馆	1954
嘉当的外形式法	［苏］菲宁柯夫著；苏步青译	科学出版社	1956
几何学	［苏］菲宁柯夫（Фиников, С.П.）等著；苏步青，谷超豪译	科学出版社	1956
一般空间的微分几何学	苏步青著	科学出版社	1958
现代微分几何学概论	苏步青编著	上海科学技术出版社	1961
微分几何学	［日］佐佐木重夫著；苏步青译	上海科学技术出版社	1963
黎曼几何学	［日］佐佐木重夫著；苏步青译	科学出版社	1964
射影曲面概论	苏步青著	上海科学技术出版社	1964
高等几何讲义	苏步青编	上海科学技术出版社	1964
射影共轭网概论	苏步青著	上海科学技术出版社	1978
微分几何五讲	苏步青著	上海科学技术出版社	1979
微分几何	苏步青等著	人民教育出版社	1979
计算几何	苏步青 刘鼎元著	上海科学技术出版社	1981
仿射微分几何	苏步青著	科学出版社	1982
初等微分几何	苏步青 刘鼎元编著	上海科学技术出版社	1985
圆与球	［民主德国］W.伯拉须凯著；苏步青译	上海科学技术出版社	1986
拓扑学初步	苏步青著	复旦大学出版社	1986
微分几何学（新一版）	苏步青原著；姜国英改写	高等教育出版社	1988
应用几何教程	苏步青 华宣积编著	复旦大学出版社	1990
苏步青文选	苏步青著	浙江科学技术出版社	1991
实用微分几何引论	苏步青 华宣积 忻元龙著	科学出版社	1998
数与诗的交融	苏步青著；王增藩编	百花文艺出版社	2000

苏步青文章目录

篇目	署名	期刊名称	年份及卷期
"谈谈数学"	苏步青 冯宝麐记录	《浙江省立杭州高级中学校刊》	1934 第 103 期：623-624
研究数学的基本工作：十月三日六日对全国中等学校学生播讲	苏步青	《广播周报》	1936 第 110 期：17-20
研究数学的基本工作（二十五年十月三、六两日讲）	苏步青	《播音教育月刊》	1936 第 1 卷 第 2 期：132-138
一个有趣的逆定理	苏步青 徐伯谦	《中学月刊》	1947 创刊号：3-6
虞美人（并序）（三十五年双十节前日）	苏步青	《台湾省林业试验所通讯》	1947 第 7 期：7
三角形的角平分线	苏步青 徐伯谦	《中学月刊》	1947 第 8 期：2-5
满庭花（曹孔六咏落花原韵）	苏步青	《国立浙江大学校刊》	1947 复刊 第 152 期：4
虞美人（夜泊城陵矶作）	苏步青	《国立浙江大学校刊》	1947 复刊 第 154 期：4
初夏偶成三首	苏步青	《国立浙江大学校刊》	1947 复刊 第 154 期：4
忆游南雁荡（诗词）	苏步青	《国立浙江大学校刊》	1947 复刊 第 170 期：4
玉楼香（诗词）	苏步青	《国立浙江大学日刊》	1949 复刊新 127 期：262
踏莎行（诗词）	苏步青	《国立浙江大学日刊》	1949 复刊新 127 期：262
启事（五月三十日）	苏步青 伍正诚 谈家桢	《国立浙江大学日刊》	1949 复刊新 152 期：315
会议录：应变执行会结束会议	苏步青 陈建功	《国立浙江大学日刊》	1949 复刊新 153 期：317
有信心迅速地赶上世界科学先进水平	苏步青	《人民日报》	1956.4.30：3
复旦大学的科学研究大跃进	苏步青	《光明日报》	1959.12.19：5
高速度地开展高等学校的科学研究	苏步青	《人民日报》	1960.1.11：7

续表

篇目	署名	期刊名称	年份及卷期
大力加强自然科学基础理论的研究和教学（全国自然科学学科规划会议座谈发言的摘要）切实搞好基础理论,造就又红又专人才	苏步青	《光明日报》	1977.11.5：2
不畏劳苦攀高峰	苏步青	《光明日报》	1977.9.25：2
鼓励学生超过自己	苏步青	《文汇报》	1980.12.25：3
无限怀念我的故乡	苏步青	《浙江日报》	1980.6.1：4
为学应须毕生力,攀高贵在少年时——和青年谈谈怎样治学	苏步青	《浙江日报》	1981.1.8：4
攀高贵在少年时	苏步青	《山东青年》	1981.10：2
七律三首（并序）	苏步青	《文学报》	1981.1.8：4
春日感赋	苏步青	《文学报》	1981.2：4
纪念中国共产党成立六十周年（诗一束）：歌颂党的六十周年大庆（二首）	苏步青	《党的生活丛刊》	1981.3：2
留得丹心报暖晖	苏步青	《文汇报》	1981.4.5：3
新年笔谈：切实地把教育和科研搞上去	苏步青	《支部生活（上海）》	1982.1：4
理工科学生应该学些文学	苏步青	《人民日报》	1982.9.28：8
理工科学生也要有文史知识	苏步青	《人民日报》	1982.10.18：5
加强保护文物的教育	苏步青	《人民日报》	1982.12.23：3
七律二首	苏步青	《文学报》	1982.5.20：4
知识分子要为社会主义建设多作贡献	苏步青	《复旦学报（社科版）》	1982.6：2
我和旧体诗	苏步青	《夜读》	1983.3：17
关于研究生培养的一些意见	苏步青	《高教战线》	1983.8：38
创刊词	苏步青	《国内外中学数学》	1984.1：1
中秋寄怀（独唱）	苏步青 丁善德	《音乐创作》	1984.1：18
海峡两旁：相思曲选钞	苏步青	《中国建设》	1984.1：37
怎样才能培养出优秀的人才	苏步青	《中国教育报》	1984.10.6：2
人才培养和教育改革	苏步青	《上海高教研究丛刊》	1984.12：82
专利法是鼓励创造发明的法律	苏步青	《中国专利》	1984.4：34

续表

篇目	署名	期刊名称	年份及卷期
祝贺《数学教师》创刊——代发刊词	苏步青	《数学教师》	1985创刊号：1
高等教育的质量亟须提高	苏步青	《群言》	1987.11：1
有关发展我国教育事业的战略问题	苏步青	《江西日报》	1987.7.26：4
略论数学人才的培养	苏步青	《大自然探索》	1988.7：1-5
同学们，中华的振兴在召唤你们	苏步青	《光明日报》	1989.11.1：1
怀念竺可桢先生	苏步青	《解放日报》	1990.3.8：7
三十七年的建树：关于高等教育出版社	苏步青	《人民日报》	1991.5.13：3
再谈"尊重知识、尊重人才"	苏步青	《群言》	1995.4：3-11
晴空万里归时节：贺浙江大学百年华诞	苏步青	《大江南北》	1997.6：17-18

根据"全国报刊索引"数据库整理，不含前述论文目录所列文章，也不含苏步青逝世后他人从其文集中析出重印的文章。